5 SECONDS OF SUMMER

5 SECONDS OF SUMMER

LA BIOGRAFÍA
NO AUTORIZADA

JOE ALLAN

Traducción de Joan Soler Chic

B DE BLOK

Barcelona • Madrid • Bogotá • Buenos Aires • Caracas • México D.F. • Miami • Montevideo • Santiago de Chile

Título original: *5 Seconds of Summer. The Unauthorized Biography*
Traducción: Joan Soler Chic
1.ª edición: enero 2015

© Michael O'Mara Books Limited 2014
© Ediciones B, S. A., 2015
   para el sello B de Blok
   Consell de Cent 425-427 - 08009 Barcelona (España)
   www.edicionesb.com

Publicado por primera vez en Gran Bretaña en 2014 por Buster Books, un sello de
Michael O'Mara Books Limited, 9 Lion Yard, Tremadoc Road, London SW4 7NQ

Printed in Spain
ISBN: 978-84-15579-91-5
DL B 23658-2014

Impreso por QP PRINT

Este libro está dedicado a Tony French.
Por su respaldo sin reservas mientras
yo daba mis primeros pasos a lo largo
de un camino tortuoso.

LLEGARON DESDE ALLÁ ABAJO

Tenemos un autobús imaginario: se llama *5SOS Bus*. Estamos conduciendo el autobús y la gente sube al autobús y se baja del autobús, pero nosotros somos los únicos que nos quedamos siempre en el autobús. Estos tíos no son siquiera buenos amigos; para mí ahora son como hermanos. Son como una familia. Así que, dondequiera que esté la banda, en realidad está el hogar.

CALUM HOOD,
AUSTRALIA'S 60 MINUTES

El escenario musical australiano nunca ha sido más vibrante y diverso ni ha contado con más talento. Además de 5 Seconds of Summer, artistas tan distintos como Iggy Azalea, la nueva reina del hip-hop, el cantautor Vance Joy, el dúo de música electrónica Empire of the Sun o la banda de drum and bass Pendulum han alcanzado en los últimos años éxito y aclamación a escala global. Este avance no se limita exclusivamente a los intérpretes. En los dos últimos años, la cantautora Sia Furler, nacida en Adelaida, se ha convertido en una de las compositoras más solicitadas del mundo, habiendo escrito éxitos internacionales para una multitud de artistas, entre ellos Rihanna, Lea Michele, David Guetta, Rita Ora, Katy Perry o Jessie J.

Sin embargo, los artistas australianos no siempre han conseguido una aceptación internacional y automática de su música, y durante muchos años al talento autóctono de más éxito le ha costado triunfar fuera. Se debiera a la falta de un sonido original o simplemente al aislamiento geográfico del continente, las exportaciones australianas se limitaban a artistas que sonaban muy parecidos a sus homólogos norteamericanos y británicos, o a intérpretes novedosos que usaban sus raíces australianas como truco efectista. Cuando en 1983 el grupo australiano de pop-rock y new wave Men at Work alcanzó un éxito mundial con la canción «Down Under», pareció encuadrarse de lleno en la segunda categoría. Con unas letras que contenían todos los estereotipos imaginables sobre Australia y la vida australiana, y un sonido que recordaba vagamente el híbrido rock-reggae de los británicos The Police, daba la sensación de que Men at Work tenían todo menos un mensaje profundo. Pero en el tema había algo más que un estribillo pegadizo: tras un examen más minucioso, podía interpretarse como un ladino comentario sobre el hecho de que la cultura australiana, sus artistas y la música producida por el país estaban siendo en gran medida ignorados, rechazados o reducidos a un cliché. Los gritos de «*Can't you hear the thunder?*» y «*You better run, you better take cover*» del estribillo podrían corresponder perfectamente a la explosión de talento y de nueva música que surgirían desde «allá abajo» en los próximos años.

Desde mediados de los ochenta en adelante, la nación australiana asistió a una efusión de talento musical sin precedentes. Hubo muchos artistas internacionales que traspasaron fronteras, como la banda de rock INXS o los pioneros del heavy metal AC/DC, el cantante country Keith Urban y un sinnúmero de figuras entre las que se cuentan Savage Garden, Holly Balance, Delta Goodrem o la indiscutible princesa del pop, Kylie Minogue. El inmenso tamaño del país y su aparente aislamiento respecto de las influencias exteriores ya no parecía ser un problema y, si acaso, solo incrementaba la creatividad y la singularidad de los músicos que producía.

5 Seconds of Summer inició su andadura en este mercado de música global. En lo que es el caso clásico del pobre que hace fortuna, consiguieron una serie de singles de éxito mundial, un primer álbum de ventas millonarias y un ejército de seguidores leales. No obstante, aunque en las últimas décadas han cam-

biado muchas cosas en el campo de la música, hay algo que sigue siendo más o menos igual: el éxito de un día para otro no existe, y 5SOS no fue una excepción.

Aun teniendo en cuenta la cultura actual de la fama y la celebridad inmediatas gracias a inventos como YouTube o la telerrealidad, en el negocio de la música las cosas suelen tardar un poco más, pues requieren mucha planificación y un duro trabajo entre bastidores... no hablemos ya de descubrir a un artista con, de entrada, el talento, la imagen y la actitud adecuada para triunfar. Sin embargo, la originalidad y las aptitudes casi nunca han sido los únicos factores que garantizan el éxito, y con el continuado tirón de los *reality shows* y los concursos de canto televisados como *The Voice, The X Factor* y *American Idol*, la suerte y la oportunidad del momento desempeñan un papel importante. No es de extrañar que los miembros de una banda de pop prefabricada, como One Direction, lleguen a ser superestrellas globales con tanta rapidez si pensamos en la exhaustiva cobertura que han recibido en un espacio de tiempo relativamente corto. Múltiples apariciones en el programa televisivo más visto del Reino Unido, *The X Factor*, cada semana a lo largo de varios meses, ayudaron ineludiblemente a One Direction a contar con una audiencia amplia y fiel. Si pensamos en la exposición global añadida de cada actuación en canales de vídeo online como YouTube y otras páginas de internet, era casi inevitable que la banda generara una enorme base de fans y cosechara las numerosas recompensas de la fama.

De todos modos, se podría entender que crear un conjunto de seguidores desde cero es la parte fácil. Mantener a estos fans a bordo, para cuando llegue la «siguiente cosa importante», es mucho más difícil. Estos días, cuando la fama y la fortuna pueden surgir muy deprisa, la parte realmente peliaguda, y clave del verdadero éxito, es hacer que dure.

Más o menos en la misma época en que Men at Work enarbolaba el pabellón australiano, la banda de pop británica Duran Duran tenía un gran éxito en América. En 1983, ya gozaba de un reconocido prestigio en el Reino Unido tras haber fichado unos años antes por EMI Records, antigua casa de los Beatles y una de las empresas discográficas más prósperas del mundo. «Hungry Like the Wolf», su tema de éxito en los EE.UU., en realidad era su quinto single popular en el Reino Unido, extraído del segundo álbum, *Rio* (en 1981, el primer álbum homónimo había pasado casi inadvertido en América). Los triunfos exigieron un gran esfuerzo, pero la banda contó con el respaldo de una prensa poderosa y un buen equipo de marketing. Para conquistar América, la banda fue arrastrada a una gira de locura por todo el mundo, en la que dio innumerables conciertos, pero se quedó atascada a mitad de camino. El agotador calendario empezó a pasar factura a algunos de sus miembros. No es exactamente la historia de éxito rápido disfrutado por One Direction, pero el resultado final viene a ser el mismo.

El baterista original de Duran Duran, Roger Taylor, dijo lo siguiente a la revista *Classic Pop*: «Desde fuera, la gente cree que estar en una banda famosa es increíble, pero no es lo mejor del mundo... vives en hoteles, necesitas agentes de seguridad para andar por la calle, no puedes entrar en una tienda. Es una vida difícil.» Las presiones suelen ser inesperadas y el volumen de trabajo llega a resultar excesivo, seguía diciendo. «Hoy veo las semejanzas con One Direction. Me preocupan porque son jóvenes como nosotros entonces, en un entorno duro... Cuando me incorporé a la banda, tenía diecinueve años, y a los veintitrés estaba tocando en el Madison Square Garden y volaba por todo el mundo en mi avión privado. Era demasiado.»

En los últimos treinta años, las cosas de la industria musical habrán cambiado mucho, pero al parecer muchas de las presiones afrontadas por los artistas que buscan su gran oportunidad siguen siendo más o menos las mismas, y un elemento clave para alcanzar (y mantener) la fama y la fortuna es invariable: has de estar preparado para luchar por ello.

En vista de sus orígenes, el éxito de One Direction en América casi podía darse por sentado. Después de que un equipo experto de profesionales de la industria musical los reuniera y los acicalara y les procurara una exposición máxima en una serie de televisión de máxima valoración (y luego una gira con todo vendido tras la conclusión del programa), ficharon por el poderosísimo sello Syco de Simon Cowell y sacaron un primer single con la ayuda de un equipo de productores responsables de algunos de los principales éxitos de artistas como Britney Spears, Westlife, Justin Bieber o Demi Lobato. ¿Cómo iba a salirles mal?

Lo que sí es destacable es que un cantante o una banda sin contactos previos en la industria musical, y con poco más que el sueño de crear y dar a conocer la música que les gusta, de algún modo lleguen a tener un público dispuesto a compartir su pasión. Por arte de magia, conectan con amantes de la música de ideas afines y crean un grupo de seguidores lo bastante leales y entregados para irrumpir en las listas nacionales de éxito por cuenta propia, sin ninguna lanzadera televisiva ni una empresa discográfica fuerte apoyándoles en todo momento. 5 Seconds of Summer es un ejemplo de esto.

Al cabo de una semana de que el álbum homónimo de la banda llegara al número uno en EE.UU. y se vendieran del mismo un cuarto de millón de copias, John Feldmann, músico, productor y futuro mentor de 5SOS, recalcaba lo siguiente en la revista *Billboard*: «No era la típica fórmula Simon-Cowell-buscando-un-grupo-de-tíos guapos. Se trataba solo de unos chavales australianos de metro noventa que disfrutaban con la misma música y habían montado una banda.» Parecía más una declaración de objetivos que una versión de los hechos. Cuando Luke, Michael, Calum y Ashton, unos chicos sencillos de Sídney, se juntaron para tocar sus canciones favoritas y luego decidieron compartirlas con todo el mundo mediante vídeos en YouTube, nadie habría podido predecir que en el espacio de apenas dos años estarían sacando discos superventas en todo el mundo y dando conciertos en vivo con las entradas agotadas ante millones de fans entregados.

La historia de 5 Seconds of Summer no es solo la historia de una banda roquera de Australia que conquistó el mundo con un montón de canciones pegadizas: es mucho más que esto. Es la historia de una minirrevolución. Es el relato de cuatro adolescentes que no solo entendieron el poder de la música y cómo esta puede unir a un grupo de personas, sino que también utilizaron a fondo el potencial de internet y las redes sociales para captar a su siempre creciente familia 5SOS y luego permanecer en contacto con ella. Mediante cosas como YouTube, Facebook, Twitter, Instagram y otras plataformas para estar permanentemente conectados con sus leales admiradores, han creado un ejército dispuesto a seguirles dondequiera que les lleve su increíble historia de éxitos. Con más de seis millones y medio de «me gusta» en la página oficial de Facebook de la banda, más de 10 millones de seguidores combinados en Twitter y casi 100 millones de visitas de su vídeo en YouTube en el momento de escribir esto, la banda cuenta con una de las bases más numerosas de fans activos... ¡de la historia! Si añadimos los conciertos con todo vendido en el conjunto del planeta y dos giras trotamundos como teloneros de One Direction, su audiencia global acumulada sería sin duda la envidia de la mayoría de las bandas itinerantes de más renombre. Lo que es aún más increíble es el hecho de que casi todo esto se logró antes de que formaran un contrato importante o sacaran a la venta su álbum de debut. Cuando finalmente tenemos en cuenta el generalizado éxito de sus singles, EP y álbumes, es fácil ver que 5 Seconds of Summer, junto con la importantísima familia 5SOS, no son una simple banda sino una verdadera fuerza de la naturaleza.

Este libro explora sus orígenes, su camino al éxito, y revela el papel de los fans en la búsqueda de dominio global del grupo. Agárrate fuerte. El paseo en montaña rusa seguirá mientras Luke, Michael, Calum y Ashton gritan «no te pares» y te piden que seas el compañero «perfecto» en su conquista del mundo.

CAPÍTULO UNO

LUKE HEMMINGS: EL TÍMIDO

Sinceramente, chicos, estoy bastante seguro de que mido lo mismo que los demás miembros de la banda.

LUKE HEMMINGS (@LUKE5SOS), TWITTER

Cuando 5 Seconds of Summer estaba a punto de irrumpir por primera vez en las listas de éxitos americanas con su EP *She Looks So Perfect*, la revista *Billboard* decidió publicar una historia para que los no muy bien informados sobre las sensaciones pop recién llegadas de Allá Abajo se pusieran al día. Pronosticando que los cuatro chicos de Australia estaban preparados para dominar las listas americanas, prestaron especial atención al guitarrista y vocalista, al que etiquetaron como «el ídolo». Lo describían así: «Lleva un piercing en el labio, y el pelo rubio perfectamente arreglado, la sonrisa es encantadora, los ojos azules irresistibles.» Y afirmaban atrevidos: «En este momento, su HSP (Potencial Harry Styles) es inconmensurable.» Aunque cuesta discutir estas cuestiones, la verdad es que Luke Hemmings es mucho más que un tío atractivo. Su recorrido hasta llegar a ser el carismático líder de la banda no ha sido coser y cantar, y si tenemos en cuenta que es el más joven de los integrantes de 5SOS, su compromiso con el futuro del grupo y los sacrificios que ha hecho para garantizar su éxito resultan aún más extraordinarios.

Luke Robert Hemmings nació el 16 de julio de 1996 y fue criado, junto con sus hermanos mayores Ben y Jack, por sus padres, Andrew y Liz, en Riverstone, un barrio de Sídney, Australia. Al igual que los otros miembros futuros de la banda, Michael Clifford, Calum Hood y Ashton Irwin, Luke no vino al mundo en una familia privilegiada, hecho que Ashton, baterista del grupo, confirmó a *Billboard*: «Ninguno de nosotros venía de una familia de dinero... no éramos de una zona muy buena.»

Riverstone, uno de los primeros asentamientos surgidos en el extrarradio de Sídney, a unos 50 kilómetros al oeste de la ciudad, ha llegado a ser la típica y anodina ciudad dormitorio con pocas oportunidades de empleo. La mayoría de sus 6.000 residentes hacen a diario el viaje a Sídney de ida y vuelta, a trabajar en una de las ciudades más ajetreadas y cosmopolitas de Australia. Con los años, la población de Riverstone ha aumentado al haberse disparado los precios de la vivienda en los barrios más elegantes de Sídney, y buena parte del ambiente de comunidad que hubiera tiempo atrás se ha visto debilitado por los recién llegados. El barrio se ha ganado mala fama, pues de noche ciertas zonas se consideran inseguras. Ashton lo llamó «propiamente violento» al hablar un tiempo después con el *Guardian*, diciendo que la zona estaba prácticamente bajo el «toque de queda» mientras pandillas de adolescentes, sin nada que hacer y con mucha energía que quemar, tomaban las calles para entretenerse y beber, y ahí se quedaban hasta altas horas normalmente armando follón.

Aunque no siempre fueron amigos íntimos, todos los chicos crecieron en este entorno. Es fácil ver que sus experiencias comunes y las dificultades derivadas de vivir ahí reforzaron su determinación de buscar una vida mejor. Esta es la cuestión que Ashton tuvo ganas de subrayar cuando tiempo después habló con la revista *Rock Sound*: «No venimos de mansiones primorosas en el campo, sino de barrios periféricos y familias en apuros.» Pasó luego a explicar que su interés inicial en la música, y el posterior deseo de estar en una banda, estuvieron impulsados sobre todo por la necesidad de escapar. «Intentamos realmente construir algo por nosotros mismos porque no queríamos estar donde vivíamos.»

Como muchas de las primeras poblaciones de Australia, Riverstone cuenta con varias iglesias pequeñas de diversas confesiones, situadas en una zona concreta, y algunas de las escuelas privadas locales reflejan estas afiliaciones religiosas. Como sucede con las escuelas estatales, proporcionan una educación amplia, pero centrada en las enseñanzas y los valores relacionados con su fe particular. Los padres de Luke habían apoquinado y lo habían mandado a una de estas escuelas privadas, la Escuela Cristiana de Norwest, donde recibió gran parte de su educación formal y más adelante conoció a Michael Clifford y Calum Hood, sus futuros compañeros de 5 Seconds of Summer.

La Escuela Cristiana de Norwest fue fundada hace más de treinta años, y conserva elevados niveles de calidad para garantizar que todos los alumnos se gradúan como individuos equilibrados y cualificados. Con una matrícula anual de 7.000 dólares, promete centrarse en los valores cristianos, pero también se esfuerza por dar a los estudiantes unos sólidos cimientos académicos para la vida a la vez que concede margen para el desarrollo personal, promueve un sentido de la individualidad y respalda la libertad básica de cada alumno para expresarse de forma creativa. El director, Ian Maynard, expone los objetivos de la escuela en su página web: «... que cada niño a nuestro cargo mantenga una vibrante vida interior llena de esperanza y optimismo impulsada por sus propias metas en la vida.» La escuela intenta alcanzar tres objetivos fundamentales: una formación sólida, impartida en un entorno estimulante, e infundir en cada estudiante la fe en sí mismo y la madurez suficientes para tomar las decisiones importantes de su vida con confianza y claridad. «Estos tres elementos juntos —prosigue Maynard— permiten a un chico dotarse de las habilidades, los conocimientos y la confianza para descubrir y perseguir sus objetivos con pasión y resolución.»

Fue en este ambiente donde Luke se vio alentado por primera vez a luchar por su amor a la música y encontrar la manera de desarrollar plenamente sus aptitudes para cantar y tocar la guitarra sin olvidar el resto de estudios académicos. Liz, la madre de Luke, fue durante muchos años profesora de mates, y él heredó las aptitudes de ella sobre la materia y también mostró muy pronto interés por la ciencia. Sin embargo, desde muy temprana edad hubo realmente una sola cosa que captaba toda su atención: la música se convirtió enseguida en su pasión primordial. Cantar y aprender a tocar la guitarra eran prácticamente las únicas cosas que quería hacer dentro y fuera de la escuela, obsesión que a la larga absorbería buena parte de su tiempo libre y en última instancia dominaría el resto de sus años adolescentes.

Por suerte, en casa y en la escuela disfrutaba de gran apoyo, y además contaba con numerosas oportunidades para compartir su talento con los compañeros. La escuela garantizaba que cualquier interesado en la actividad artística, o con el deseo de crear su propia música, tuviera todo lo necesario para hacer realidad su sueño. Gracias a una sala de música bien provista y espacio para ensayar, la escuela adquirió cierta fama como semillero de talento musical. No era raro que los profesores instalaran instrumentos y amplificadores en los terrenos del campus, que animaran a sus alumnos a tocar unos para otros durante los ratos de descanso, o que les procurasen la valiosa experiencia de ensayar delante del público. Con el recinto a rebosar de esta energía vibrante y creativa, la Escuela de Norwest llegó a ser una base muy positiva e inspiradora para Luke, para sus compañeros y, con el tiempo, para su futura banda: 5 Seconds of Summer.

Siendo niño, Luke exhibía todas las cualidades que sus compañeros de banda citarían más adelante como sus puntos más fuertes. Descrito como «animado», «divertido» y «siempre feliz», Luke llevaba una vida la mar de satisfactoria. Él se calificaba a sí mismo como «algo regordete» y afirmaba haber sentido celos del físico flacucho de Calum cuando le conoció, pero, mirando hoy su delgado cuerpo de metro ochenta, cuesta creer que esto haya sido alguna vez un problema serio. No obstante, sí parece que esta tendencia al exceso todavía le persigue un poco; como decían los otros chicos de 5 Seconds en un vídeo online, es el único miembro del grupo capaz de «cenar, cenar por segunda vez, ir al cine y zamparse un cubo grande de palomitas y tomarse una bebida gigante». «Y luego incluso puede tomarse un refrigerio», añadía Michael.

Cuando inició la adolescencia, Luke, como la mayoría de los muchachos de su edad, empezó a mostrar mucho más interés en las chicas. Dice que nunca le ha atraído un tipo físico concreto, y a la revista *Top of the Pops* contó lo siguiente: «Solo busco a una persona a quien yo le guste y que se sienta cómoda con lo que es y lo que tiene.» Esto da a entender que, debido a esta actitud más seria ante la vida, busca algo a largo plazo, no solo una aventura. Por desgracia para Luke, a veces podía ser algo torpe, y esto llegó a ser más exagerado con las chicas, lo cual significaba que, en las incómodas primeras citas, a menudo se sentía superado. Recordaba su típica incapacidad para impresionar a una chica: «Cuando me pongo nervioso, soy torpe, y una vez, en un restaurante de sushi, me puse perdido de salsa de soja.» Sin embargo, una chica en particular estaba a punto de despertar su atención, y pronto llegaría a ser una compañera permanente e inagotable fuente de inspiración.

Aleisha McDonald también estudiaba en Norwest y tenía ciertas aptitudes para cantar y tocar la guitarra; no tardaron mucho en verse a menudo y al final empezaron a salir juntos. Muy pronto, Aleisha se convirtió en algo más que la novia de Luke: acabó cantando con él, y actuaban juntos por el campus de la escuela y para amigos y familiares, e incluso colgaron un par de vídeos en YouTube. Lo más destacado de todo esto fue la versión de la pareja de «She Will Be Loved», de Maroon 5, y una interpretación en directo de «If It Means a Lot to You», de A Day to Remember, grabado en los terrenos de la Escuela de Norwest.

Su relación continuó a lo largo de 2012, pero cuando las obligaciones de Luke con 5 Seconds of Summer le llevaron a pasar a pasar más tiempo de gira y más adelante a una larga estancia en Londres, aquello se volvió insostenible, y la pareja decidió que lo mejor era dejarlo.

Animada por el tempranero éxito de Luke, Aleisha montó su propio canal de vídeos y colaboró con otros músicos, entre ellos Shannon, su hermano pequeño. Si mencionamos entre sus principales influencias e inspiraciones a Alicia Keys, Beyoncé, James Vincent McMorrow y Daughter, la banda inglesa de indie-folk, queda claro que quiere diferenciarse de Luke y el resto de 5SOS en lo referente a la música que hace. Tras sacarse el título de secundaria, Aleisha intenta seguir la carrera musical colgando versiones en su canal; hace poco ha anunciado que tiene la oportunidad de grabar algunas de sus canciones originales en un estudio apropiado y en Twitter ha dicho lo siguiente: «Llevo mucho tiempo escribiendo canciones sin parar. Espero poder mostrároslas pronto.»

Su conexión con Luke y su estatus de ex novia suya ha significado para Aleisha la necesidad de afrontar algo más que la cuota lógica de comentarios negativos, pues ha sufrido abusos innecesarios por parte de ciertos sectores de los fans de 5SSO. Ella ha tratado de mantener una relación estrecha con Luke, y suele enviarle tuits. Cuando se le preguntó cómo era realmente Luke en Ask.fm, dijo esto: «¡Luke es sin lugar a dudas la persona más perfecta y asombrosa que he conocido en mi vida!» En los últimos tiempos ha procurado distanciarse del simple calificativo de «ex de Luke» —en julio de 2014 se vio obligada a cerrar su cuenta personal de Twitter, afirmando que necesitaba concentrarse en los estudios, pero admitiendo también que estaba siendo bombardeada continuamente por trols online y tenía que enfrentarse a muchas comunicaciones falsas en las que la suplantaban utilizando su nombre.

La amistad de Luke con Aleisha es probablemente la más publicitada de las primeras relaciones mantenidas por los chicos de 5 Seconds, y el afecto de Luke por Aleisha se refleja en el hecho de que no ha abierto la boca sobre el tiempo que estuvieron juntos. Más recientemente, ha hablado sin tapujos acerca de las frustraciones que él y los otros chicos han sentido a veces al intentar crear relaciones significativas durante estas primeras e intensas etapas de su carrera, llegando a afirmar que es casi imposible considerar siquiera la posibilidad de nada serio. En la misma línea, Ashton habló así con la emisora de radio KIIS 1065: «No tenemos novias. No es una norma, solo un hecho... Por lo general, no estamos en el mismo lugar más de veinticuatro horas, así que es difícil comprometerse con nada.» Por su parte, Luke reconoce que busca solaz en los vínculos establecidos con los miembros de la banda; a Fuse le decía esto online: «Como banda, somos más fuertes, una auténtica pequeña familia.»

Siendo niño, Luke no se desenvolvía precisamente bien cuando se hallaba lejos de su familia real o tenía que hacer nuevos amigos. Como miembro más joven de la banda, y con una familia especialmente unida, seguramente ha sido quien peor lo ha pasado en los viajes largos. Salió por primera vez de Australia con motivo de la estancia de la banda en Londres en septiembre de 2012, y en su segunda visita a dicha ciudad ese mismo año, Luke fue el único de los cuatro que cogió un avión a Sídney para estar con su familia durante el descanso de Navidad. Es esta fuerte relación con la familia lo que ha mantenido a Luke con los pies en el suelo, evitando hasta la fecha cualquier «berrinche de superestrella» o «comportamiento de divo». Liz, su madre, siempre se apresura a darle la bienvenida al regreso de sus viajes, pero es igualmente rápida a la hora de potenciar su sensatez. En el pasado solía escribir en Twitter: «Está bien tener a Luke en casa, pero, hombre, qué desordenado es»; en otra ocasión proclamó: «Paquetes enviados al aeropuerto. Cuidado, Australia, 5SOS se va. Luke, no te hiciste la cama al salir...»

Además de echar de menos a su familia, Luke tenía la complicación añadida de no haber sido capaz de terminar sus estudios de secundaria antes de que la banda iniciara sus interminables viajes. Cuando se avecinaban exámenes importantes, la madre había intentado ayudarle. Liz salía de gira con la banda y echaba una mano a su hijo y a los otros en sus estudios, pero al final todo resultó demasiado complicado. Cuando el calendario de conciertos y el volumen de trabajo aumentaron de manera espectacular, Luke tuvo que abandonar toda esperanza de alcanzar en los exámenes nada parecido a los resultados de los que se sentía capaz. Aunque seguramente no estará muy preocupado por su falta de titulación académica ahora que 5 Seconds of Summer parece tener asegurado un futuro brillante, no habrá sido fácil para él, en tanto que individuo concienzudo, haber dejado su educación formal. No obstante, aunque sin duda los estudios influyeron en Luke en muchos aspectos, ha sido su madre, aparte de su vida familiar, quien ha ejercido el mayor impacto en su carácter.

Los otros integrantes de la banda suelen señalar que Luke, aun siendo un tipo feliz, es también el más serio de los chicos de 5SOS, y en diversas entrevistas ha demostrado una y otra vez que es más pensador que hablador. Con mucho el más tranquilo, también es el más sensato del grupo. En uno de sus vídeos online, Calum decía que «[Luke siempre] escoge la opción razonable», mientras que Ashton, hablando sobre cómo la diferencia de dos años entre ellos le ha llevado a adoptar un papel «fraternal» en la vida de Luke, decía esto: «Tengo la impresión de haberle visto convertirse en un minihombre.» Esta madurez y este equilibrio acaso deriven del hecho de que su vida familiar ha resultado ser la más estable de todos los muchachos»: el matrimonio de sus padres ha permanecido intacto, y él ha recibido la clara influencia de modelos de rol masculinos encarnados en su padre y sus dos hermanos mayores.

Con la casa llena de chicos adolescentes, el hogar de los Hemmings era siempre un lugar lleno de vida. Luke era un chaval activo, a quien le gustaba jugar a fútbol con sus hermanos además de ir en monopatín; quizá por esto tiene estas «asombrosas piernas», el mejor atributo de Luke, según Michael. A todos los miembros de la familia Hemmings les gustaban los deportes de invierno, y Luke exhibía una habilidad especial en la práctica del snowboard. En todo caso, su afición a la música no parece haber tenido mucho que ver con su educación, pues los padres y los hermanos nunca mostraron gran interés en el tema. De hecho, cuando le preguntaron de dónde había sacado Luke su talento musical, su madre bromeó con *60 Minutes* de Australia: «De mí no. A nadie le gusta oírme cantar.» Al margen del origen del talento, surgió pronto, arraigó enseguida y ha permanecido con él desde entonces.

Luke dice que Good Charlotte era años atrás su banda favorita: *The Young and the Hopeless*, de 2003, fue el primer álbum que compró en su vida, y esta banda fue también la primera que vio en un concierto. Sus gustos musicales probablemente son más amplios que los de los otros miembros de 5 Seconds of Summer a juzgar por la gran variedad de artistas que decidió abarcar en la primera tanda de vídeos en YouTube. Desde Bruno Mars y Ed Sheeran a Mayday Parade y A Day to Remember, y las posteriores versiones de los comienzos de 5SOS, por ejemplo de Blink-182, All Time Low y gente como Busted, Adele o One Direction, cuesta determinar cuál es su género preferido. Da la sensación de que lo único que tienen en común es la calidad de los propios temas, lo que sugiere que Luke mostraba ya desde el principio cierta sensibilidad hacia las melodías contundentes y las letras bien construidas, algo que más adelante, cuando compusiera sus propias canciones, le resultaría valiosísimo.

Para Luke, la música es sin duda un disfrute muy personal y privado. Enseguida repara uno en su falta de confianza en los primeros vídeos de YouTube, pues evita mirar directamente a la cámara y da a cada canción una introducción muy escueta. Sin embargo, su capacidad para cantar y tocar la guitarra se afianzó, y su fe en sí mismo se vio reforzada por cierto feedback online positivo y luego por el respaldo de Aleisha. Es fácil ver que, en la época en que empezó a pasar más tiempo con Michael, y al final con Calum, estaba más que preparado para llevar su música al nivel siguiente y montar su propia banda. Lo sorprendente es la revelación de Calum de que el encuentro de los tres no fue precisamente un amor a primera vista. «Al principio, a Michael no le gustaba Luke —declaró en uno de sus vídeos online—, y yo entonces era muy amigo de Michael, por lo que en realidad a mí tampoco me gustaba.» Y luego confesó: «Pero en el fondo me pareció "un tío legal".» Luke, apresurándose a señalar que el sentimiento era decididamente mutuo, añadió: «La verdad es que nos detestamos durante todo un año.» Michael confirmó que estos sentimientos de desconfianza habían calado hondo: «En el año 9, nos odiábamos uno a otro, él quería matarme a mí y yo quería matarle a él, y en el año 10 llegamos a ser grandes amigos.»

Antes de unir su futuro al de los «hermanos» 5SOS, Luke fue siempre un poco tímido con la gente nueva, algo que a menudo lo volvía tenso y torpe, y acababa evitando a los chicos populares de la escuela. Le gustaba estar solo, pasarse horas practicando con la guitarra, cantando y aprendiendo canciones nuevas. Para encajar en el ambiente escolar, Luke pasaba tiempo con grupos de personas a las que apenas conocía, o con las que no tenía demasiado en común, lo que a veces conllevó algunas burlas e intimidaciones. En uno de estos incidentes, Luke fue defendido por Ashton Irwin, su futuro compañero de banda, si bien en ese momento no se conocían muy bien. «No hubo para tanto... —explicó a Vevo—, me encontraba con unas personas a las que no conocía mucho y Ashton estaba también ahí... Yo me acaba de cortar el pelo y [los otros] se burlaban de mí. Y Ashton dijo algo como "dejad al chico en paz".»

Ashton recordaba su primer encuentro verdadero con Luke, que se produjo en un cine del barrio, donde unos supuestos amigos estaban burlándose nuevamente de Luke. Esta vez se metían con él por las gafas que llevaba, y Ashton se limitó a presentarse. «Hola —dijo—, soy Ashton», y luego añadió que sus gafas le parecían «muy guapas».

Aunque se había establecido contacto, pasaría

cierto tiempo antes de que Luke y Ashton se hicieran amigos de verdad. Los chicos regresaban a sus círculos sociales separados, pero en realidad se sentían más felices en compañía uno del otro, tocando o escuchando música, escapando cada uno de su mundo. Fue esta sensación sutil, persistente, de ser unos marginados —sensación emulada a la larga por sus compañeros de Norwest, Michael Clifford y Calum Hood— lo que se convertiría en el pegamento que uniría la banda de (ligeramente disfuncionales) hermanos y echaría los cimientos de sus primeros pasos vacilantes hacia la formación de su propio grupo.

CAPÍTULO DOS

MICHAEL CLIFFORD: ANDANDO POR EL LADO OSCURO

No televisión, comprobado. No wi-fi, comprobado. No señal, comprobado. Suficiente agua caliente para una ducha, comprobado. Ninguna civilización cerca, comprobado. #5soshouse LOL.

MICHAEL CLIFFORD
(@MICHAEL5SOS), TWITTER

En un vídeo online colgado por los chicos, en el que se presentaban individualmente a sus nuevos fans, Michael era descrito por los otros como «raro», «ganso», «desaliñado», «caradura» y, con tono más bien crítico, solo «ligeramente gracioso». Cuando la revista *Seventeen* le pidió que describiese a su compañero de banda, Calum Hood tachó al guitarrista principal de 5 Seconds of Summer como «el salvaje». Aunque todavía le queda mucho trecho por recorrer para disputarle a Ozzy Osbourne el título de «loco del rock», Michael Clifford tiene desde luego un lado audaz. Quizá la señal más clara de esta vena rebelde, y el rasgo que lo distingue del resto de 5SOS, es su pelo —siempre torcido, con sus puntas «punk» y el cambiante arco iris de colores—, que solo en los últimos años ha sido rosa apagado, rosa luminoso, verde, azul, morado y, muy de vez en cuando, rubio natural. Es lo primero que los demás recuerdan del día que conocieron a Michael; Calum llegó a llamarlo «fringetástico».

Sin embargo, lejos de ser solo un peinado andante, Michael tiene ganas de mostrar sus verdaderas credenciales punk. Tiene asimismo la malísima costumbre de llevar (por casualidad) vaqueros rotos —a veces tapando apenas su modestia y por lo general más días seguidos de lo que es higiénicamente aceptable—, y su armario está a rebosar de camisas a cuadros sin mangas, lo que indudablemente lo convierte en el miembro más rocanrolero del grupo. Por desgracia, este estatus puede peligrar tras admitir a la revista *Coup De Main* que lleva «ropa interior My Little Pony». Cuando no luce prendas con caballitos, siempre se le ve llevando un amplio surtido de camisetas de bandas rockeras vintage, desde Iron Maiden, Def Leppard y Metallica hasta los Rolling Stones, Neil

Young o los B-52. Está claro dónde residen sus lealtades musicales: Michael tiene un pie (¿o un oído?) firmemente puesto en el pasado. Es justo decir que los conciertos de la banda en el Forum de Los Ángeles, el legendario recinto del rock, fue uno de los puntos culminantes de su particular viaje con 5 Seconds of Summer.

Por su reputación de ser con mucho el miembro más descuidado del grupo, sus compañeros han cuestionado a menudo la limpieza de Michael, quejándose, en una entrevista para Vevo, de que su habitación huele a papadam pese a la insistencia de Michael en que lleva años sin probarlos. También es conocida su afición a pasar demasiado tiempo en la cama o durmiendo cuando los chicos tienen el día libre. Al parecer, es un hábito adquirido durante los primeros años de la adolescencia, cuando se pasaba semanas y semanas solo, en su cuarto, enchufado a su querida consola de juegos. En uno de sus vídeos online, Ashton describe a Michael como «aislado» durante el período previo a su incorporación a la banda, mientras Calum lo dice con más franqueza: Michael estuvo realmente «encerrado en su habitación unos cinco años». Quizá debido a todo este juego compulsivo, Michael se califica a sí mismo como «ligeramente TOC [trastorno obsesivo compulsivo]», y, pese a las dudas de los otros chicos, dice que se lava las manos «hasta veinte veces al día».

Posiblemente debido a sus tendencias OCD, se aburre y se distrae con suma facilidad. Esto, a su vez, significa que, en las entrevistas, le gustan las cosas imprevisibles y con frecuencia da respuestas que derivan hacia la fantasía. Por regla general, no se toma nada demasiado en serio, y en una de las primeras entrevistas de lanzamiento para Vevo, cuando los demás explicaban que eran de Sídney, Australia, Michael insistía en que, en realidad, él era de la Tierra Media, en Narnia. Es siempre el primero en dejar lo que esté haciendo, ignorando la tarea a mano y empujando a los demás a hacer bromas o travesuras, lo cual queda perfectamente ilustrado en el caos que siempre se produce durante los vídeos online. Como miembro más despreocupado de 5 Seconds of Summer, Michael ayuda a mantener a los otros alerta, pero es también quien aporta más energía en las actuaciones e inyecta un elemento de humor a buena parte de su música.

Nacido el 20 de noviembre de 1995, Michael Gordon Clifford fue criado por su madre, Karen, como hijo único en el mismo barrio de Riverstone que sus futuros colegas de banda Luke Hemmings y Calum Hood. También asistió a la Escuela Cristiana de Norwest, donde compartió con los otros la condición de outsider, aunque por lo visto su falta de prestigio social tiene más que ver con su afición a los juegos, pues pasaba gran parte de su tiempo libre solo frente al ordenador, que con alguna dificultad concreta para socializarse y hacer amigos. Lo más importante es que también disfruta escuchando e interpretando música, lo que a la larga unió a los tres miembros nucleares del grupo.

En comparación con los otros miembros de la banda, los gustos musicales de Michael son seguramente los más punk, y menciona a gente como All Time Low y en especial Sum 41 como sus grupos favoritos. En una entrevista con *Alternative Press* dijo lo siguiente sobre «In Too Deep», éxito de Sum 41: «Si tuviera que explicarle a alguien qué es el pop-punk, le hablaría de esta canción... Creo que es la mezcla perfecta de lo que debería sonar en la radio.» Aunque desde luego Michael aporta las influencias más fuertes y guitarreras, ello no significa que no le encante su cuota musical correspondiente «de placer culpable»: reconoce su debilidad por el rapero T-Pain y tuitea sin parar sobre la fascinación que siente por Nickelback y su capacidad para cantar a coro en todos los temas del álbum *All the Right Reasons*.

En la escuela, prefería no mezclarse mucho con los demás, y en casa se encerraba con su consola o buscaba sugerencias para tocar mejor la guitarra. Debido a todas estas actividades extracurriculares, a Michael no le quedaba mucho tiempo para estudiar, y esto se reflejaba en las notas. Para él estaba claro que sería la música o nada, algo que confirmó en una entrevista en Singapore Radio, cuando confesó que si no estuviera en una banda, le costaba imaginar qué otra cosa estaría haciendo: «Los otros chicos seguramente tendrían empleos y todo eso, pero yo estoy totalmente seguro, al cien por cien, de que no haría nada.»

Su afición a las guitarras le llegó muy pronto. En la página web de Gibson dijo que su primera guitarra de verdad fue una Epiphone Les Paul, una versión barata de una de las guitarras más famosas de Gibson, y durante estos años ha estado usando una Gibson Joan Jett Signature Melody Maker. En uno de los primeros viajes de 5 Seconds of Summer al Reino Unido, Michael tuvo la suerte de ser invitado a la valorada exposición de guitarras Gibson de Londres. Emocionado con la visita a ese templo de la música, esto solo avivó más aún su obsesión; lo explicaba así: «Era una locura, entré en esa sala llena de guitarras... Me dejaron coger una y he estado tocándolas desde entonces. ¡Gracias, Gibson!»

Pasó el tiempo, y fue su afición a tocar la guitarra y la valoración de otros con aptitudes similares lo que en la escuela le hizo acercarse poco a poco a Luke. Aunque Michael ha dicho que conocía a Luke desde mucho antes de que por fin hablasen, y que no estaba seguro de si se llevarían bien, llegando incluso a afirmar que se «odiaban uno a otro», la desconfianza fue disminuyendo lentamente. Cuando más talento apreciaba en Luke, más se convencía de que había encontrado un alma gemela musical. Pronto dedicó todos los ratos libres a «bandear»: la palabra inventada que los chicos usaban para sus primeros ensayos y sesiones.

Probablemente Michael era el que más confiaba en sus capacidades musicales, y adquirió muy pronto una fe inquebrantable en las posibilidades de éxito de la banda, incluso cuando quienes les rodeaban dudaban de aquel sueño. Adam Day, tutor de música de la Escuela de Norwest, declaró al *Sydney Morning Herald* lo siguiente: «Michael siempre me lo decía, "un día seré una superestrella"... Ha sido su sueño desde el año 9. Recuerdo que una noche, después de haber actuado, apareció y dijo "sí, esto es lo que voy a hacer. Algún día seré famoso. Estad atentos".»

Aunque las notas en la escuela no guardaban correspondencia con el alarde —Michael admitió al *Daily Mail* que había sacado un suficiente en música—, su viejo profesor estaba dispuesto a reconocerle el mérito debido. Dijo esto al *Australian*: «Michael solía decirme que algún día sería una estrella del rock, a lo que yo no hacía mucho caso.» Y acabó diciendo: «Demostró que yo estaba equivocado.»

Pese a su tendencia a esconderse, Michael encontraba tiempo para socializarse un poco, y tenía a Calum Hood, su futuro compañero de banda, por uno de sus mejores amigos. Más adelante, Calum diría esto en uno de los vídeos online de la banda: «Está siempre ahí para animarte cuando te sientes bajo de moral. Es de veras un gran amigo.»

Y en lo concerniente a las chicas, Michael salió con algunas en el instituto, pero nada llegó a ser especialmente serio, y en cuanto la banda empezó a absorberle más tiempo, se centró exclusivamente en la música. Cuando se le preguntó cómo sería su chica ideal, Michael explicó a Vevo que le gustaban «las chicas con las que no hago nada y aun así me lo paso bien». También reveló a la revista *Top of the Pops* que «la chica de mis sueños es divertida, misteriosa y afectuosa. No sé si ya la conozco, pero quizá sí y no me he enterado». La confesión de que había «enviado flores a una chica que tenía novio» pero que «sinceramente no lo sabía», y de que en una ocasión dio a una chica una serenata de una versión de «One Less Lonely Girl», de Justin Bieber, ¡quizá explicaría por qué ha estado solo casi todo el tiempo!

En todo caso, en agosto de 2013 Michael mantuvo una breve relación con Abigail Breslin, actriz de Hollywood. El *Daily Mail* publicó un reportaje sobre la estrella adolescente de *Little Miss Sunshine* y *Ender's Game* en que salía de un restaurante de Los Ángeles tras asistir a los Premios Ten Choice Awards, y declaraba que había «descartado su vestido glamoroso sustituyéndolo por algo más alternativo pues iba a salir con su amigo». Como esto pasaba justo después de que hubiera acabado la etapa americana de la gira de One Direction, y 5 Seconds of Summer aún no había alcanzado el reconocimiento global que tiene ahora, es comprensible que Michael lograra pasar inadvertido y se aludiera a él simplemente como un «compañero masculino». Si la cita acabó siendo algo más serio es todavía un secreto muy bien guardado, pero, aquella misma noche, más tarde, Abigail colgó este enigmático mensaje en su cuenta de Twitter: «Bueno... hoy ha sido interesante, desde luego.»

La lista de enamoramientos de celebridades podría incluir o no a Abigail, pero en todo caso Michael sí tuvo un ligue online con Camila Cabello, integrante del grupo femenino americano Fifth Harmony, y durante un juego de «besuquea, cásate o pasa», en la página web Hollywood Life, dijo que se casaría decididamente con Miley Cyrus antes de bromear enseguida: «Retiro lo dicho. Miley no está preparada para el matrimonio.»

A decir verdad, a Michael, como a los demás miembros de la banda, al apretado calendario le deja poco tiempo para nada salvo comer y dormir, pero cuando es posible siempre procura dedicar tiempo a la consola y el ordenador. Su obsesión con Twitter es legendaria —el hecho de que en los viajes se pase gran parte del tiempo quejándose de que las habitaciones de hotel no tengan wi-fi tiene una explicación—, si bien no es algo que comparta con su madre, Karen. Cuando *60 Minutes* le preguntó a ella si estaba al corriente de las travesuras de su hijo a través de las redes sociales, dijo: «Estoy al margen de todo lo que lleve "Tw"... Twitter, Twerking o la películas *Twilight* [*Crepúsculo*].»

De todos los muchachos, parece que Michael es quien más desea que la banda avance hacia un sonido rock más «serio» a medida que progresan sus respectivas carreras. Esto, como es lógico, resulta de sus propios gustos personales, pero también queda reflejado en el input creativo que ya ha tenido en las canciones grabadas por los chicos a lo largo de los dos últimos años. Michael es coautor de siete temas que figuran en las distintas versiones estándar de su álbum de debut, y su influencia ha señalado un inequívoco cambio desde el sonido más suave y pop de sus primeras canciones a los tonos más sombríos y guitarreros de «Good Girls», «18» o «End Up Here».

Por fuerte que sea su influencia general en la banda, Michael es el primero en admitir que lo que convierte al grupo en algo tan especial es la química entre los cuatro chicos. A principios de 2011, mientras su amistad con Luke comenzaba a evolucionar y su compromiso con los ensayos se traducía en largas jam sessions en la escuela y en casa de uno u otro, las cosas empezaron a cuajar. Michael declaró lo siguiente a *Extra*, programa televisivo de EE.UU.: «Creo que cuando empezamos lo hacíamos solo para divertirnos y, a ver, con el tiempo nos lo fuimos tomando en serio y nos dimos cuenta de que, bueno, esto podía llegar a ser algo. Y nos dejamos la piel.»

Parte del proceso incluyó la incorporación de otro miembro al club del «bandeo»; los chicos estaban a punto de convertirse en un trío: Calum Hood, amigo de Michael, sería la siguiente pieza importante del puzle.

CAPÍTULO TRES

CALUM HOOD: TÓMALO CON CALMA

Planeando vivir para siempre.

CALUM HOOD (@CALUM5SOS), TWITTER

Soy solo el tipo frío» es como Calum Hood se describió a sí mismo en una entrevista para la revista *Seventeen*, y aunque esta es sin duda la impresión que muchos tienen del bajista de 5 Seconds of Summer, el enfoque relajado de la vida es solo un aspecto de este dinámico personaje.

En sus presentaciones de vídeo online, Luke refuerza la idea de que Calum tiene un carácter tranquilo, «en las situaciones más estresantes siempre se muestra relajado», mientras Ashton elogia el hecho de que Calum «siempre está listo para alguna aventura». Por su parte, Michael bromea diciendo que Calum «es en realidad la persona más extraña de la banda pero se niega a admitirlo». Todos los chicos hacen comentarios sobre el aspecto físico de Calum, a quien llaman «estilizado», «lampiño», «osito de peluche» o, quizá de un modo un tanto perturbador, «rata topo desnuda».

La incorporación de Calum a la banda ha resultado de importancia vital. Como tercer miembro del grupo en participar en las jam sessions de Norwest, con los recién juntados Luke y Michael, Calum aportó el importantísimo ímpetu que transformó sus informales reuniones, que de un «bandear» caótico pasaron a ser algo mucho más organizado. Pronto montaron clases de guitarra estructuradas y asistieron a ensayos como es debido. Al conseguir que los chicos se centrasen en tocar, compartir sus influencias musicales y ayudarles a dar los primeros pasos hacia la composición de canciones propias, Calum había echado los primeros cimientos reales para convertir un grupo de tres chavales que tocaban la guitarra en un garaje en la primera versión de los 5 Seconds of Summer que hoy conocemos.

Calum Thomas Hood nació el 25 de enero de 1996 en Sídney, Nueva Gales del Sur. El hogar de Hood lo formaban la madre, Joy, el padre, David, y la hermana mayor, Mali-Koa, y la llegada de Calum completó esta pequeña unidad familiar. Calum tiene el linaje más exótico de la banda, que a menudo se considera erróneamente asiático: su madre había nacido en Auckland, Nueva Zelanda, mientras la familia del padre era originaria del otro lado del mundo, Escocia.

De hecho, en la educación de Calum había una fuerte influencia cultural británica, lo que se confirma en su afición al fútbol y en que, hasta la fecha, todavía es del Liverpool FC y lo sigue activamente. En realidad, su interés por el fútbol fue importante en su infancia, pues muy pronto mostró ciertas aptitudes para el juego y lo practicó durante muchos años. Como sus habilidades mejoraron, fue seleccionado para jugar en un equipo que iría a Brasil representando a Australia, pero como la música le absorbía cada vez más tiempo libre, al final tuvo que dejarlo. Teniendo 5 Seconds ya cierta fama, Calum habló en una ocasión con un periódico local, el *Rouse Hill Times*: «De vez en cuando vuelvo a calzarme las botas, pero de momento estoy centrado al cien por cien en la música.» Aunque la idea de jugar como profesional es un recuerdo borroso y lejano, Calum insiste en que todavía le gusta participar en alguna pachanga y siempre anima a su querido Liverpool.

En el instituto, tras tomar la decisión de que la música sería su actividad principal, Calum dio la noticia al resto de la familia Hood: quería formar parte de una banda de rock. Aunque lógicamente se sorprendió de entrada, su madre, Joy, hizo de tripas corazón, y más adelante lo contó a *60 Minutes*: «Pensamos, no sé, "caramba, ojalá sea bueno en esto".»

De hecho, la familia Hood atesoraba un más que respetable pedigrí musical: la hermana de Calum, Mali-Koa, es también una cantautora de talento que en 2012 participó en la primera temporada de *The Voice* en Australia. Aunque sobrevivió a las Blind Auditions —casualmente fue escogida para integrar el equipo encabezado por un futuro colaborador de 5SOS, Joel Madden, de Good Charlotte—, Mali no superó las Battle Rounds y fue eliminada en el octavo episodio. Aun así, ha seguido con su carrera de cantante; en su ciudad natal cuenta con un numeroso grupo de seguidores, y la fama adquirida gracias a su aparición en *The Voice* (y también a tener un hermano en una de las bandas más cañeras del mundo) hizo que fuera presidenta del jurado en el concurso local de canto *The Hills Are Alive*. En un descanso de una minigira australiana de 5 Seconds of Summer, Calum incluso acompañó a su hermana en el escenario en un par de dúos durante la final del programa, en agosto de 2012, en los que interpretaron «Forever», de Chris Brown, y «Teenage Dream», de Katy Perry.

Antes de incorporarse a la banda, era con su hermana y el resto de su familia con quienes Calum se sentía más relajado y seguro de sí mismo. Como todos los chicos, a Calum a veces le cuesta estar lejos de casa y en la carretera durante períodos largos. Se lo contó así al *Daily Telegraph* de Sídney: «Cuando estoy de gira, siempre echo de menos a mi familia y mis amigos, es lógico.» También admitía que le consuela saber que lo hace por motivos justificados: «Cuando estás tocando ante 20.000 personas cada noche, haciendo lo que te gusta, es cien veces más fácil.»

Al igual que Luke, su futuro compañero de banda, cuando era más joven se mostraba algo tímido con la gente nueva, y al socializarse forcejeaba con su confianza. Tampoco parecía estar muy seguro de sí mismo cuando empezó a salir con chicas, algo que reveló a la revista *Top of the Pops*: «Tenía una cita, pero de pronto me daba cuenta de que la chica no me gustaba. Era muy violento.» Pero luego pasó a explicar que actualmente está mucho más seguro sobre su tipo ideal de chica: «Me gusta que sea poco convencional, divertida y no muy rara... Nosotros somos tíos raros, así que hemos de compensar.»

Al describirse a sí mismo como «lo contrario de un deportista» en la revista *Girlfriend*, parece que la afición de Calum al fútbol haya sido su única concesión real a ser «un jugador de equipo» en la Escuela de Norwest. Pese a que las escuelas promueven activamente el juego como parte de su programa deportivo, al fútbol le ha costado deshacerse de sus raíces «extranjeras» y llegar a ser en Australia un deporte mayoritario y universalmente aceptado, y la relación de Calum con este deporte quizá fuera algo que lo distinguió de otros muchachos de su edad, la mayoría de los cuales preferían el surf, la natación, el rugby o el baloncesto. Por su pasión por la música y su estatus como una especie de *outsider* en la escuela, no tardó mucho en comenzar a salir con sus colegas Luke y Michael. Aunque en ese momento Michael y Calum ya estaban bastante unidos, en uno de los vídeos online de la banda, Luke insiste: «Creo que yo no era lo bastante guay para ser amigo de Calum.»

Por lo visto, a Calum nunca se le pidió oficialmente que se uniera al exclusivo club de «bandeo», pero muy pronto se le notó encantado de tocar y cantar con ellos. En la primavera de 2011, estas tres diferentes personalidades habían descubierto un objetivo común, admitió Calum al *Daily Telegraph*: «Cuando formamos la banda, éramos definitivamente unos marginados, no nos intimidaban, pero éramos unos marginados... Estar en la banda lo cimentó todo.»

Los gustos musicales de Calum son sobre todo diversos. En comparación con los otros chavales de 5SOS, sin duda su iPod contiene la mezcla más ecléctica de artistas, y aunque en *Girlfriend* declaraba que la primera canción que compró fue la favorita de la banda, «I Miss You», de Blink-182, también mencionaba que le encantaba Chris Brown, Nicki Minaj y la banda rockera americana Boys Like Girls. Fueron estos gustos diversos y el hecho de estar abierto a distintas influencias lo que empujó a Calum a la banda, lo cual dio a todos un punto de partida único para su propia música.

Su capacidad para escribir canciones originales, y su apoyo a los demás para hacer lo mismo, tendría un importante impacto en la futura producción de la banda. Calum compuso «Gotta Get Out», la primera canción original de 5 Seconds que compartieron mediante YouTube y una de las primeras en salir oficialmente al mercado como parte de *Somewhere New*.

Inspirado por sus intentos iniciales, y convencido de que escribir sus propias canciones era la única manera de hacer progresar la banda, los primeros esfuerzos de Calum ayudaron a potenciar la confianza de los chicos en sí mismos, les procuró cierta claridad sobre la dirección que debía tomar el grupo y les animó a desarrollar a fondo sus facultades compositoras individuales. Fue esta inyección de autoconfianza lo que conduciría a los chicos a conservar un alto grado de control creativo sobre todo lo que seguirían grabando y sacando a la venta.

Calum es el compositor más prolífico del grupo; al *Sydney Morning Herald* dijo lo siguiente: «Paso un montón de tiempo con esto. Algunos días no funciona, y estoy enfadado toda la noche.» En cualquier caso, el bloqueo del escritor no parece haber sido un gran problema, pues sus contribuciones al primer álbum de la banda igualan las de Michael, presumiendo de siete canciones y muchas otras que figuran como temas adicionales en algunos EP o han de salir al mercado.

Como declaró a *USA Today*, comparte la firme ambición y la ética de trabajo que define a los cuatro integrantes de la banda: «Los colegas y yo tenemos grandes expectativas respecto a lo que queremos conseguir.» No obstante, quizá la perspectiva más relajada que tiene Calum de la vida lo sitúa en una posición excepcional para garantizar que todos aprenden a afrontar las exigencias y las tensiones que se les presentan de forma cotidiana. «Siempre sientes un poco de presión...», proseguía Calum, «pero por ahora nos estamos divirtiendo y vivimos el día a día.»

En la primavera de aquel año, comenzaron a colgar vídeos en YouTube como trío, y al menos en una ocasión, mientras Luke estaba fuera de vacaciones, Michael y Calum llegaron a hacer un vídeo como dúo. La pareja lo subió y bromeó y dio las gracias a los fans por su *feedback*. Aunque esto suponía poco más que un sucedáneo del tipo «en-realidad-no-tenemos-nada-que-decir», pone de relieve la creciente camaradería entre los dos amigos, el humor alocado que pronto estaría asociado a buena parte de la producción de la banda y, quizá lo más importante, muestra la determinación de los chicos de permanecer en contacto con sus seguidores, manteniéndolos implicados y al corriente de todo lo relacionado con 5SOS.

De estos primeros vídeos, lo que resulta evidente es la creciente química entre los tres, y aunque unas actuaciones son mejores que otras, las primeras señales de gran potencial son innegables.

CAPÍTULO CUATRO

«MONTEMOS UNA BANDA»

No creo que queramos engañar a nadie. No somos realmente tan geniales. Como banda, a veces quizá parecemos algo enrollados, pero solo somos unos gansos.

LUKE HEMMINGS,
revista *ROCK SOUND*

A comienzos de 2011, Luke había reunido todo el coraje necesario para empezar a colgar vídeos suyos donde cantaba y tocaba la guitarra en Hemmo1996, su canal de YouTube. A principios de febrero, contando solo catorce años, Luke subió una versión de «Please Don't Go», de Mike Posner. En su forma original es más un tema de R&B, pero Luke desmontó la canción para dejar al descubierto su letra sencilla, sentida, lo cual resultó ser un escaparate perfecto para su conmovedor estilo vocal y sus cada vez mayores destrezas con la guitarra acústica. Merece la pena señalar que la primera persona en hacer un comentario sobre el vídeo fue Aleisha McDonald, que escribió: «Muy orgullosa de ti, chaval.»

A lo largo de los meses siguientes, Luke colgó varios vídeos más suyos en que cantaba y tocaba. Aunque ya era un vocalista consumado y cada vez tenía más confianza en sus aptitudes con la guitarra, desde luego aún se mostraba tímido frente a la cámara, por lo que las presentaciones eran breves o, en la mayoría de los casos, inexistentes. Versiones de temas de artistas tan diversos como CeeLo Green o los menos conocidos cantautores Ron Pope y Pete Murray, americano y australiano, respectivamente, así como varias canciones rockeras, sugerían que Luke todavía estaba lanzando la red por todas partes en busca de inspiración y recogiendo todas las ideas posibles para la dirección que pudiera tomar su música. El rumbo que necesitaba se lo iban a proporcionar dos de sus compañeros en Norwest.

En la escuela, los caminos de Luke y Michael se habían cruzado muchas veces a lo largo de los años, pero ellos nunca se habían hecho verdaderos amigos. Eran conscientes uno del otro, pero habían pertenecido a diferentes círculos sociales, tanto dentro de la escuela como fuera. Cuando Michael comenzó a ver más actuaciones de Luke y presenció algunos de sus espectáculos en los terrenos del campus, se dio cuenta de que compartían algo más que el interés en tocar la guitarra; también tenían gustos musicales parecidos. Se vieron empujados el uno hacia el otro, y muy pronto estuvieron intercambiando consejos sobre tocar la guitarra y hablando sobre sus artistas favoritos hasta que empezó a aflorar la idea de crear ellos una banda. Aunque a estas alturas no formaba oficialmente parte del grupo, Calum describió a la página web Punktastic el momento que provocara la creación de la banda: «Michael dijo algo como, "eh, tío, ¿quieres montar una banda?", y Luke dijo "vale".» Y así de fácil encajaron las piezas —«bandear» se había convertido en «banda». Muy pronto, la sala de música de la Escuela de Norwest llegó a ser un lugar de encuentro habitual para Luke y Michael mientras comenzaban a tocar en jam sessions, aprendían canciones nuevas y exploraban en general su compartida pasión por la música. Enseguida empezó a juntarse a menudo con ellos Calum, que decía «de algún modo aquí siento que encajo», y fue entonces cuando se sembraron las primeras semillas de la química en rápido desarrollo y el incipiente sonido de 5 Seconds of Summer.

Las preferencias musicales de los chicos eran, en líneas generales, parecidas. A todos les gustaban las bandas de pop-punk y rock americanas de la década de 1990, como Blink-182, Fall Out Boy o Green Day, por lo que era evidente que el grupo que soñaran crear se inspiraría en el sonido de estas bandas. Tiempo después, Luke explicó su pensamiento colectivo: «Queremos hacer la música que nos gusta, ser nuestra banda preferida.» Ashton aclaró esta idea: «Yo me sentía incómodo diciendo esto, pues una de mis bandas favoritas es Paramore, y ellos dicen que son su banda favorita. Hacen su música como les gusta.» Muy pronto quedó claro que, aunque el sonido de 5 Seconds of Summer podía acabar siendo una mezcla de estilos muy diferentes, que incorporase no solo los elementos del rock de sus bandas favoritas sino también algunas de sus preferencias menos convencionales, iban a hacer su música a su manera.

De hecho, esta variedad de estilos ya era detectable en los primeros vídeos de Luke, en parte porque sus intereses pasaban no solo por emular la energía y la potencia de sus temas rockeros predilectos, sino también por capturar lo que convertía en fantástico el sonido de registro en la radio. Quería cristalizar el elemento que enviaba ciertas canciones a las listas dominantes, por lo que era susceptible de estudiar e interpretar una versión tanto de Maroon 5 o Adele como de sus queridos Good Charlotte. En conjunto, esto constituiría una potente mezcla de influencias y llevaría el sonido que estaban creando a un terreno más comercial y accesible de lo que podría sugerir su catálogo de grupos favoritos.

No hay ninguna duda de que la sala de música de la Escuela de Norwest se convirtió para los muchachos en un entorno creativo. Al principio, en la escuela nadie les prestaba demasiada atención, y cualquier idea de que formar una banda mejoraría su estatus social o aumentaría su popularidad entre las chicas se desmoronó enseguida, como explicó Luke al *Sydney Morning Herald*: «Si no eras futbolista, no eras atractivo.» Sin embargo, si sus compañeros no les hacían caso, gracias a Dios sí recibieron un gran respaldo del personal de la escuela. Uno de los profesores de música, Adam Day, lo recordaba: «Empecé a enseñarles música en el año 7, y destacaron en todas las actividades prácticas [de la materia].» Admitía también que el único problema de los chicos era que «se mostraban muy tranquilos, tímidos y reservados... [pero] eran unos obsesos de la música encubiertos». Enseguida percibió el potencial de los muchachos y les ofreció estímulo vital siempre que pudo. «En sus boletines escribí que sería bueno buscar oportunidades de actuaciones para desarrollar su confianza.»

Fue un buen consejo, que al final uno de los chicos tuvo en cuenta. A estas alturas, solo habían actuado delante de sus familiares y amigos, pero a medida que iban sintiéndose más seguros de sí mismos, fueron comprendiendo que el señor Day tenía razón: necesitaban permitir a la gente ver lo que eran capaces de hacer. Cuesta imaginarlo ahora, pero la banda enseguida estuvo pidiendo conciertos en su página oficial de Facebook, haciendo saber que estaban disponibles para tocar en fiestas de cumpleaños, bailes escolares y celebraciones privadas en el área de Sídney. Incluso animaban a los fans a mandarles solicitudes a través de la bandeja personal de entrada de Facebook. ¡Si hicieran lo mismo hoy, seguro que el sitio se colapsaba rápidamente!

Los chicos aún estaban pasándoselo bien, y ninguno se tomaba demasiado en serio la idea de ser una banda de verdad. Sin embargo, en serio o no, se dieron cuenta de que, si querían seguir anunciando sus servicios para espectáculos, debían pensar un nombre para el grupo. Fue a Michael a quien finalmente se le ocurrió el de 5 Seconds of Summer [5 Segundos de Verano] mientras un día de abril soñaba despierto en clase de mates. Quería algo a lo que los seguidores pudieran añadir su propio nombre, como 5 segundos de Michael o 5 segundos de Luke; a la cadena 96.5 TIC FM de Connecticut declaró lo siguiente: «Mandé [a los otros de la banda] un mensaje que decía "eh, tíos, llamaré a la banda 5 Seconds of Summer", y ellos contestaron algo así como "vale, nos mola".» Aunque habrían podido aceptar el nombre encogiéndose de hombros, en el fondo, tal como dijo Michael a la página web de la OCC, asociación que publica las listas musicales en el Reino Unido, «lo detestaban». Nadie imaginaba que duraría tanto; esto parece claro ahora. Al fin y al cabo, formaban solo una banda de instituto, hacían gansadas y se lo pasaban bien. «Cuando estás en una banda de la escuela —discurría Luke—, escoges el nombre sin esperar que dure mucho.» Al margen de si Luke estaba pensando o no en el largo plazo, a la larga su canal de YouTube cambió de Hemmo1996 a 5 Seconds of Summer, y aunque hubo un momento de duda —como cuando el 11 de abril de 2011 la página de Facebook de la banda sugirió que «Bromance» quizá era un nombre más adecuado—, la idea original de Michael pareció arraigar.

A medida que avanzaba todo, los otros dos chicos empezaron a colaborar con Luke en más vídeos de YouTube, y a lo largo de 2011 colgaron un torrente de versiones nuevas. Una balada rockera de Blink-182, «I Miss You», y «If It Means a Lot to You», de A Day to Remember, acaso revelen parte de la influencia que estaban teniendo Michael y Calum en la dirección musical, pero sería su versión de la colaboración de Chris Brown con Justin Bieber, «Next to You», lo que, en ese momento, les procuró su vídeo más visto. Sus actuaciones solían ser toscas, en ellas los muchachos se olvidaban de palabras, tocaban notas equivocadas y en general hacían payasadas, pero seguían adelante. Michael y Calum continuaron subiendo cosas la mar de contentos mientras Luke estaba de vacaciones, pero esto era más un recordatorio para sus fans de que no se habían olvidado de ellos y que pronto habría vídeos nuevos.

Desapercibidos para sus compañeros de la Escuela de Norwest, los chicos de 5SOS comprendieron que valía la pena cuidar a esta audiencia online —la gente que los sintonizaba de forma regular para acceder a su última carga— pensando en el futuro. Los mantenían enganchados, pidiéndoles continuamente *feedback* respecto de sus esfuerzos más recientes e induciéndoles a hacer peticiones de las canciones que querían que el grupo interpretase. 5 Seconds había lanzado su página oficial de Facebook a principios de primavera, y a finales de mayo ya había superado los 3.000 «me gusta». Entonces la banda comenzó a interaccionar directamente con sus fans mediante la plataforma de streaming Ustream para proveer chats online y mantener a todos al día de los últimos acontecimientos, vídeos y novedades. Sus miembros también querían asegurarse de que todos los seguidores de esta primera oleada eran conscientes de su especial papel en la creciente popularidad de la banda. A mediados de junio, 5 Seconds contaba en Facebook con 8.000 «me gusta» y había empezado a tener una cuenta oficial en Twitter. Por la red se hacía correr la voz, y la familia 5SOS crecía con rapidez.

Todo esto era un grato alivio de sus lecciones habituales, y los chicos pronto establecieron un sólido vínculo de amistad, creado alrededor de la química que compartían al tocar sus instrumentos. Y no tuvieron que esperar mucho a que la respuesta de sus activas redes de contactos les hiciera comprender que, después de todo, quizá estaban siguiendo la pista buena, lo que les llevó a empezar a prepararse más en serio para sus apariciones en público juntos. Pronto estarían actuando en una escala mucho mayor, lo cual requería un enfoque mucho más profesional.

En septiembre habían colgado detalles sobre una actuación en un cine de Sídney: «Una tarde en el cine sin amplificadores», donde la banda daría su primer concierto gratis junto a otro grupo pop-punk, Some Time Soon. Como decían los promotores, se trataba de «dos promesas australianas» y citaban las impresionantes estadísticas de los medios sociales sobre 5SOS: 100.000 visitas en YouTube, 14.000 suscriptores en su canal y casi 20.000 seguidores en Facebook. «No está mal para tres tíos de Sídney», declaraban antes de instar a todo el mundo a ir y «ver de qué va todo este alboroto». Y desde luego acudió la gente, si bien no en el gran número que con el tiempo cabría esperar.

Some Time Soon era una banda bastante más conocida, con muchos seguidores fieles en su Adelaida natal. Ya habían sacado a la venta su primer EP, hecho un vídeo musical y realizado giras por toda Australia. Pese a no tener la ventaja de la hinchada local, seguramente era la banda más importante del programa. Aunque en comparación tenían mucha menos experiencia, los chicos de 5SOS tocaron una serie acústica recibida efusivamente, en la que incluyeron algunas versiones que ya habían colgado en YouTube, y para ellos la actuación supuso un importante paso que les ayudó a adquirir confianza como intérpretes. También les proporcionó una valiosa experiencia ante un público que no había ido a verles solo a ellos. Esto animó a los muchachos a pasar al nivel siguiente: querían tener su propio concierto, en un recinto rockero adecuado, y mostrar a todos exactamente de qué eran capaces.

Aún eufóricos tras el éxito de la actuación en el cine, este mismo mes les ofrecieron un concierto en uno de los locales de rock más chulos de Sídney, el

Hotel Annandale, que se celebraría en el plazo de dos meses y medio. El mánager del hotel localizó a los chicos en Facebook, les mandó un mensaje y les preguntó si querían dar un concierto como es debido, y enseguida llegaron a un acuerdo. La pequeña sala del Annandale era un espacio sin lujos, pero con los años adquirió notoriedad y de ser un sencillo local nocturno pasó a convertirse en uno de los recintos rockeros más icónicos de Australia, donde llegaron a actuar centenares de grupos de rock internacionales y autóctonos.

Aunque actuar en el Annadale sin duda procuraría a los chicos cierta credibilidad rocanrolera, obviamente el lugar no estaba a la altura de un grupo de adolescentes inexpertos que acababan de colgar canciones de Justin Bieber en YouTube. La determinación de los chicos de evitar el destino de otras bandas —que sincronizaban labios con temas de refuerzo en nightclubs o tocaban gratis en centros comerciales locales—, y el deseo de ser considerados un verdadero grupo que tocaba instrumentos de verdad, significaba que se verían forzados a competir con artistas mucho más experimentados y enfrentarse a las multitudes que los seguían. Al reflexionar más adelante sobre el concierto, Ashton explicaba lo siguiente a *Rock Sound*: «Las bandas underground y las bandas en general de Sídney son muy heavy... Es todo muy hardcore, y nosotros queríamos ser una banda de rock como Green Day. La verdad es que no encajábamos.» Y proseguía: «La diferencia respecto a nosotros es que las chicas venían a vernos. Sus seguidores eran solo tíos sudorosos que nos detestaban.» En una entrevista para el *Sydney Morning Herald* se extendió sobre la cuestión: «Al Annandale solíamos ir y tocar con bandas de heavy metal... cada día nos decían que éramos malos.» También era una prueba de resistencia para la pequeña pero leal base de seguidoras femeninas de los chicos. Ashton lo recordaba: «Apenas teníamos fans, pero eran muy entregados... ir al Hotel Annandale cuando tienes dieciséis años y eres chica no es lo ideal.»

Si para los seguidores aquello quizá era ir demasiado lejos, ¿qué pasaba con los propios chicos? Estos comenzaron a poner en duda si en diciembre estarían realmente listos para exhibir su material en un recinto así. Actuar como un trío acústico —tres voces y tres guitarras— estaba bien, pero para llegar a ser una banda de verdad, autosuficiente, y hacer progresar su sonido hasta el nivel requerido, 5 Seconds of Summer tendría que crear su propia sección rítmica —bajo eléctrico y batería—, lo que supondría algunos cambios importantes en la estructura del grupo.

Resolver el problema del bajo fue fácil, pues el confeso «peor guitarrista», Calum, se ofreció voluntario para asumir la tarea. Al principio, no obstante, los chicos tuvieron que improvisar, como explicaba Ashton a *Billboard*: «Calum ni siquiera tenía un bajo. Tocaba la cuerda superior de una guitarra acústica.» Aunque es un instrumento parecido a la guitarra rítmica, tocar el bajo tiene una serie de reglas y destrezas totalmente distintas. Una línea de bajo proporciona el núcleo del ritmo de cada canción: funcionando de la mano con el compás del tema, facilitado por el baterista, y actúa como fundamento sólido sobre el que se construye una canción. Aquí, en pocas palabras, estaba el principal problema de 5 Seconds —no tenían baterista—, y contratar conciertos sin tener uno era como querer correr antes de saber andar. Por suerte, alguien les había estado viendo desde lejos y estaba dispuesto a echarles el cable que tan desesperadamente necesitaban. 5 Seconds of Summer estaba a punto de encontrar ese ingrediente vital que le faltaba justo cuando más necesario era. Estaban a punto de encontrar a su baterista.

CAPÍTULO CINCO

ASHTON IRWIN: EL SONIDO DE LA BATERÍA

Esta banda me ha dado la oportunidad de volver a ser un niño.

ASHTON IRWIN (@ASHTON5SOS),
TWITTER

En 2011, Luke, Michael y Calum estaban dando sus primeros pasos para alcanzar el estrellato. Hay que reconocer que, en ese momento, su fama se limitaba a sus familias y a unos cuantos miles de fans online, pero quienes les rodeaban empezaban a pensar que la banda de novatos prometía de veras.

Pronto dejaron los conciertos improvisados en

casa para la familia y actuaron en un puñado de pequeños espectáculos locales. Los tres chicos se habían hecho buenos amigos, y el incremento de confianza que habían experimentado tras la reacción positiva ante sus primeros vídeos los unió aún más. El único problema real era que su música, la de tres guitarristas cantantes, no era exactamente rock and roll, y desde luego tampoco punk. Sus héroes, Blink-182, no habían sentido nunca la necesidad de ampliar el número de sus miembros principales —Mark Hoppus, Tom DeLonge y Travis Barker—, e incluso Green Day había sobrevivido muchos años como trío, pero 5 Seconds of Summer quería realmente comenzar su próximo capítulo como una auténtica banda de cuatro, lo cual significaba vocalistas, guitarras, bajo y batería. Si había sido bueno para los Beatles, también lo sería para 5 Seconds of Summer. Tenían las guitarras y, con un poco de reorganización, tenían incluso el bajo; pero lo que necesitaban de veras era un baterista.

Ashton Fletcher Irwin nació el 7 de julio de 1994, y fue criado por su madre, Anne Marie, en el barrio de Hornsby, a 25 kilómetros al noroeste de Sídney. A diferencia de Luke, Michael y Calum, no estudió en la Escuela de Norwest, sino que asistió a la escuela estatal no cristiana Richmond High, a unos kilómetros al oeste de su población natal.

Su vida familiar fue bastante más complicada que la de sus compañeros de la banda 5SOS, pues sus padres se habían separado cuando él era todavía un niño, lo que le obligó a asumir tareas extra en casa. A la revista *Top of the Pops* explicó esto: «Mis padres se separaron siendo yo pequeño, y al ser el mayor, tuve que cuidar de mi hermana... así que mientras crecía estábamos yo, mi mamá y mi hermanita, solo los tres hasta que llegó mi hermano.» Esto significaba que de Ashton se esperaba que hiciera algo más que su parte correspondiente de los quehaceres domésticos, y cuando podía ganaba algún dinerito para ayudar a la familia a mantenerse a flote. En muchos aspectos, se vio obligado a adoptar el papel del hombre de la casa a muy temprana edad. Aunque sin duda consideraba que la vida sin su padre era muy dura de entrada, diciendo cosas como «muy difícil de superar» o que «puede asustar», también admite que le hizo crecer más deprisa que la mayoría y que, en sí mismo, no era «necesariamente algo malo». A la larga, la separación de su padre solo fortaleció la estrecha relación con su madre. Es este vínculo, contó a *60 Minutes*, lo que permanece intacto dondequiera que los viajes le lleven ahora y evita que ella se preocupe de su hijo cuando está lejos de casa. «Me envía mensajes cada día: "Te quiero, mamá." Te llega esto, aunque sean las tres de la mañana, y luego te vuelves a dormir.»

No es de extrañar que esta madurez y este sentido de la responsabilidad precoces lo empujaran a asumir un papel de «figura paterna» en 5 Seconds of Summer. No obstante, en vez de ser serio o dominante, es el «hablador y el divertido» del grupo y ejerce de líder. La posición de Ashton en el hogar de los Irwin le procuró un equilibrio, una estabilidad y un mayor sentido de sí mismo, cualidades que acabarían siendo valiosísimas en el entorno cambiante e imprevisible en el que se encontraría más adelante.

Para explorar mejor su afición a la música y desarrollar sus habilidades como intérprete al terminar el instituto, Ashton decidió asistir a una escuela de adultos local. Sin embargo, le resultó difícil conectar su pasión por la música con las tareas del curso; como explicó al programa televisivo *Sydney's Sunrise*, en uno de los módulos sacó un suspenso: «Fallé en interpretación musical... fue un momento realmente triste.» Sin inmutarse ante su aparente falta de destrezas académicas, Ashton siguió persiguiendo su sueño de pertenecer a una banda de éxito, y durante su adolescencia temprana tocó con varios grupos y perfeccionó sobre la marcha sus aptitudes como baterista.

En esa época, su principal inspiración musical le venía de la banda Green Day, y considera que haber escuchado su álbum en directo de 2005, *Bullet in a Bible*, es una de las experiencias formativas más importantes de su adolescencia. Así se lo contaba a *Alternative Press*: «Soy más que fan de las grabaciones en directo de Green Day. Son increíbles.» En su cuenta oficial de Twitter también describía el álbum como «... mi grabación favorita de la historia. Me ayudó a descubrir lo que quería ser en la vida... ¡hacer rock y entretener a la gente!».

Ashton se sentía a gusto consigo mismo, decía su madre. Había heredado de ella la autonomía y, desde una edad temprana, «estaba seguro de sí mismo, no se arredraba», pero, como sus futuros compañeros de banda, en la escuela todavía se consideraba un poco *outsider*. Quizá su papel de «semipadre» con sus hermanos pequeños o la falta de tiempo libre en sus años adolescentes le arrebataron la oportunidad de formar los lazos habituales entre los chicos en edad escolar. Sea cual fuere la razón, jamás llegó a ser uno de los «niños populares», y su experiencia con las chicas pagó las consecuencias. En una entrevista con *Top of the Pops* describía a su chica ideal: «El carácter es importante, así que busco a alguien que sea interesante y segura de sí misma.» Recordaba que en todos los intentos de fingir ser algo que no era había fracasado de forma lamentable: «En una cita, he intentado "ser guay a tope", pero nunca ha salido bien.» Ashton debería esperar para encontrar la chica apropiada, una chica a la que ser el baterista de una de las principales bandas de pop del mundo le pareciera guay.

Kendall Jenner, estrella de telerrealidad y hermanastra de las infames hermanas Kardashian, que había presentado a 5 Seconds of Summer en su primera aparición importante en la televisión de EE.UU., en los premios Music Awards de *Billboard* de 2014, estuvo durante un tiempo ligada sentimentalmente a Ashton. El Mail Online, haciendo conjeturas sobre la relación de la pareja, dijo que se había visto a Kendall «disfrutando de una noche en Nueva York con la estrella de 5 Seconds of Summer antes de salir los dos disparados en un taxi». De todos modos, no parece probable que hubiera algo serio entre ellos, pues unos días después Ashton y Luke hablaron con un entrevistador radiofónico, en el 2Day FM Breakfast Show: «De vez en cuando conoces a gente, pero es lo que tiene este trabajo; a estas personas no puedes verlas cada día.» Antes de que se le vinculara a Kendall, Ashton también había tonteado con la posibilidad de apuntarse al sitio de citas Tinder, pero, como los demás miembros de la banda, seguramente tuvo que dejar aparcada cualquier idea de relación a tiempo completo.

Al no haber ido a la Escuela de Norwest y ser algo mayor que los otros, Ashton es el bicho raro de la banda, pero lo más sorprendente es que, antes de incorporarse al grupo, no era ni por asomo fan de 5 Seconds of Summer. Debido al estatus de los chicos como famosos locales, Ashton era conocedor de sus primeros vídeos —ya los había visto en YouTube—, pero no le habían causado apenas impacto. En su opinión, los chicos alborotaban demasiado, se olvidaban de las letras y en general no se tomaban (ni tomaban la música) muy en serio. Podríamos decir que, para él, prácticamente todo lo de 5SOS era una especie de broma. Cuando 60 Minutes le preguntó si, a su entender, 5 Seconds of Summer necesitaba ayuda, Ashton contestó: «Desde luego.»

Ashton ya había demostrado ser un músico consumado —aparte de la batería, también toca el piano y la guitarra— y había empezado a dar conciertos por Sídney con otras bandas, incluyendo un dúo con su amigo Blake Green, cuyo nombre era Swallow the

Goldfish. Su cuenta de Twitter, iniciada en junio de 2011, los describía como «un dúo acústico de Sídney [que] interpreta canciones originales además de todas tus canciones favoritas de la música actual». Sin embargo, resultó ser un proyecto relativamente efímero, pues Ashton pronto fue cortejado por otra banda local que respondía al nombre de 5 Seconds of Summer.

5 Seconds aún no había encontrado la importantísima cuarta persona que ocupara el asiento vacante del baterista, y como se acercaba el crucial concierto del Hotel Annandale, la banda estaba buscando desesperadamente a alguien que pudiera echar una mano. Al haber pocas posibilidades de encontrar al baterista adecuado mediante un proceso convencional de audición, los muchachos decidieron contactar con todas y cada una de las personas, de entre sus conocidos, que supieran tocar la batería. Calum lo explicó más adelante a Punktastic: «Michael mandó por Facebook un mensaje a Ashton, al que conocía gracias a un amigo nuestro, y le dijo algo como "eh, tío, en el concierto que acabamos de contratar habrá un montón de gente, ¿te gustaría tocar la batería con nosotros?" Y Ashton contestó "¡pues claro, joder, mola un montón!".» Aunque solo apareciera una pequeña parte de los seguidores online de la banda, Ashton supuso que la promesa de que hubiera cientos de seguidores chillones no sería ninguna exageración, y estaba convencido de poder resolver cualquier problema que hubiera advertido en las actuaciones online.

Los chicos le pidieron que quedara con ellos para

hacer algunos ensayos rápidos e informales antes del concierto. El plan era pasar el rato, tocar unos temas y ver si la cosa funcionaba. Las primeras impresiones oscilaron entre llamarle «animado» y hacer comentarios sobre su «seductor pelo», sus «largos dedos» y su «galardonada sonrisa». En uno de los vídeos online de la banda, Michael recordaba en broma su primer encuentro: «Estábamos todos evaluándolo porque llevaba una camisa púrpura horrorosa.»

El discutible gusto de Ashton con la ropa era lo que menos les preocupaba. Cuando dijo que no le interesaban los partidos de fútbol FIFA online y en general no le gustaban los juegos de ordenador, fue como si hubiera fallado a las primeras de cambio. Por suerte, los chicos pasaron por alto el nulo entusiasmo de Ashton por los juegos —un golpe especialmente duro para Michael— y reconocieron sus grandes habilidades como baterista. Ashton era mucho más práctico sobre las sensaciones que le causaban los otros; y decía: «Conocí a estos tíos, y las cosas funcionaron. Todos piensan que soy un poco raro, pero les caigo bien y ellos me caen bien a mí y nos llevamos bien.» Para él este era el factor decisivo, sin duda.

De momento, el concierto del Annandale se celebraría con esta alianza provisional en marcha. Pese a los alardes de Michael de que en la sala habría más de 200 seguidores vociferantes, no resultó exactamente como se esperaba; Calum lo explicó más adelante: «Aparecieron doce personas, y fue el peor concierto de la historia»... además uno de los doce era la madre de Ashton, que había ido a animar a su hijo. No obstante, los chicos se sintieron bien en compañía unos de otros, y poco después del concierto, como contó Calum a la revista *Seventeen*, «me arrodillé sobre una pierna y propuse a Ashton que entrara en la banda». Ashton aceptó sin vacilar demasiado. Era realmente una unión perfecta.

Como punto de partida de la banda, el concierto del Annandale fue bastante adverso, pero el nuevo baterista notaba que estaba pasando algo especial. «Recuerdo lo que llevábamos, la primera foto de la banda. Teníamos un pelo emo asombroso», rememoraba Ashton en *Billboard*. «Todavía digo que fue mi concierto favorito: Día Mágico, 3 de diciembre de 2011.» Considerando que toda gran banda ha de empezar en algún sitio, explicaba al *Sydney Morning Herald*, «al principio debes aguantarte y tener unas ganas locas de tocar, y aunque no puedas comprar cosas y tal, para que la banda crezca has de empezar desde abajo».

Fue esta manera de pensar, ahora firmemente asentada en la cabeza de los otros chicos, lo que convirtió a Ashton en el ingrediente crucial que faltaba. Dentro de la banda, la dinámica cambió casi de inmediato, hubo un clic, y, como Calum explicaría luego, «Ashton lo unió todo un poco más porque empezamos a ensayar como es debido». Michael confirmaba la importancia de Ashton: «Era la pieza que faltaba en el puzle. De algún modo nos conducía», decía en broma, «nos conducía literalmente, pues era el único que tenía carné de conducir». No se puede negar el peso esencial del puesto de baterista en la exitosa historia de 5SOS, y haber sido el último en incorporarse no significa que esté menos comprometido con el grupo que los miembros originales, ¡como prueba, incluso luce un tatuaje del logotipo de 5SOS!

Con todas las piezas ahora en su sitio, nada iba a impedir a 5 Seconds of Summer llevar al mundo su marca única de pop-punk «hágalo usted mismo». Su estilo musical quizá esté desacompasado respecto a todo lo contemporáneo, pero ellos están resueltos a hacerlo a su gusto, paso a paso. Sin miedo al trabajo duro, empezaron desde cero: cuatro chicos dispuestos a todo para triunfar y con una actitud del tipo «podemos hacerlo por nuestra cuenta». Comenzaron a ver resultados muy pronto, y su compromiso con el mantenimiento de sus seguidores online empezó a dar frutos. Como explicaría más adelante Ashton a Musictakeabow.com, su forma de echar los cimientos en lo relativo a sus fans les hizo comprender que estaban al principio de una minirrevolución: «Creo que, en cierto modo, es al revés de lo que pasa en la industria musical. Ahora puedes crear una base de fans antes de sacar a la venta realmente nada, lo cual es un tanto extraño. Antes teníamos que mover el culo [de gira] durante, no sé, años, pero esta no es la única manera de construir una base de seguidores.» Era una forma «punk» de hacer las cosas; sin dádivas, sin reglas, y desde luego sin límites.

CAPÍTULO SEIS

«RECORDANDO EL ASUNTO DE LA BANDA»

Cuando nos conocimos, reparamos en que éramos iguales. No nos encuadramos necesariamente en ninguna categoría.

ASHTON IRWIN, *THE GUARDIAN*

El concierto del Hotel Annandale era, como es lógico, manifiestamente mejorable. Hablando con *USA Today*, Ashton lo calificó como un «concierto atroz», pero enseguida explicó por qué ocupa un lugar muy especial en la historia de la banda y por qué él todavía lo considera uno de sus recuerdos más entrañables de su época en el grupo. «Era muy nuevo para nosotros... Había en ello algo que a mí y a los chicos nos encantaba. Sabíamos que era el comienzo de algo guay.» Calum también advirtió la química instantánea y las posibilidades de la banda, y a *Billboard* contó lo siguiente: «Éramos muy repelentes, pero cuando estábamos los cuatro en el escenario nos sentíamos la mar de bien.»

Estando ahora Ashton a bordo, la banda anunció que por fin había encontrado a su baterista y lo presentaba oficialmente como nuevo integrante del grupo. Para cerrar el acuerdo, Ashton se unió a los otros en un chat Ustream, y todos hicieron públicas sus respectivas cuentas individuales de 5SOS en Twitter. En el espacio de dos días, se colgó en YouTube su primera actuación en vídeo como grupo de cuatro, una versión de «Teenage Ditbag» (grabada originariamente por Wheatus), que fue compartida en las otras cuentas de redes sociales de la banda. Aun así, todavía se transmitía la misma sensación de improvisación de los primeros vídeos que habían colgado siendo tres miembros; como explicaba Ashton: «Todos los demás estaban haciendo ediciones increíbles, realmente muy cuidadas, de versiones populares, y nosotros solo teníamos un iPhone. Solíamos encajarlo en el soporte del micro y así filmábamos.» Pese a la falta de financiación, como conjunto de cuatro tenían sin duda un mayor equilibrio. Sin embargo, la interpretación era algo caótica. Luke accede tímidamente a cantar palabras (ligeramente) groseras de la canción, pero si Ashton marca el ritmo en un cajón, se evidencia la química y el hecho de que 5 Seconds of Summer parece por fin una verdadera banda. Los fans parecen estar de acuerdo, y la versión de «Teenage Dirtbag» recibe más de 17.000 visitas en solo cuatro días.

Los chicos se tomaron unos merecidos días libres para disfrutar de las vacaciones de Navidad, pero a medida que avanzaba 2012, los jugos creativos inspirados por la llegada de Ashton lógicamente aún estaban fluyendo, y siguieron llegando nuevos vídeos. A lo largo de las semanas siguientes, los muchachos colgaron versiones de «Jasey Rae», de All Time Low, y una mezcla de éxitos de One Direction, «What Makes You Beautiful» y «One Thing». De nuevo el grupo ponía de manifiesto la variedad de sus gustos musicales y reaccionaba bien ante las frenéticas solicitudes de los fans, que pedían versiones a la banda de chicos más importante del planeta.

Por otro lado, su trabajo empezaba a ser conocido fuera del pequeño y unido campamento de 5SOS. Emisoras radiofónicas locales de todo el mundo recibían peticiones para poner su música; una de las americanas, WPLW de Carolina del Norte, presumía: «Llevábamos un año recibiendo tuits, antes de que 5 Seconds of Summer tuviera siquiera un contrato con un sello importante.» Las impresionantes estadísticas en las redes sociales y el atractivo entre los jóvenes también atrajeron la atención de otras áreas de la industria musical, y varias empresas discográficas se acercaron a la banda con ganas de contratarla y llevarla al nivel siguiente. Menos mal que los chicos eran lo bastante espabilados para saber que distaban mucho de estar preparados: todavía no habían decidido exactamente qué clase de banda querían ser. Se daban cuenta de que tenían mucho que aprender sobre las actuaciones en directo, y además había que pensar en el asuntillo de terminar la escuela.

Tras asumir la responsabilidad de intentar mejorar sus habilidades interpretativas, los miembros de 5SOS estaban decididos a ser la mejor banda en directo posible. Ashton se lo contó a Vevo: «Nos esforzamos de veras para ser una buena banda. Hicimos todo lo que pudimos para ser una banda buena, creíble.» Al *Sydney Morning Herald* le esbozó los esfuerzos realizados: «Lo hicimos todo. ¡Ensayamos a oscuras! Pensábamos que si podíamos tocar aunque no viéramos lo que estábamos haciendo, quizá sonaríamos mejor cuando las luces estuvieran encendidas. Queremos ser una banda creíble en directo para que la gente vaya, nos vea y diga "esto es mejor que el disco".» Dándose cuenta de lo extremo que podría parecer esto, Michael añadió: «Sé que suena raro, pero funcionó.» Aunque era de elogiar el compromiso precoz y la profesionalidad de los chicos, pronto resultó evidente que no era mucho lo que eran capaces de hacer por su cuenta. Aun con el enorme respaldo de la familia y los amigos íntimos, estaba claro que los muchachos necesitaban ayuda profesional.

El primer punto de la agenda era llevarlos a un estudio de grabación. Antes, en su visita a Studios 301 de Sídney, el mayor complejo de estudios de Australia, los muchachos tuvieron un profético encuentro con el mánager, Adam Wilkinson. Wilkinson había tenido una larga y fructífera carrera como director de diversos estudios de grabación antes de especializarse en la dirección de artistas. En Studios 301 grabó álbumes de muchos artistas locales, y a la larga trabajó con intérpretes internacionales entre los que se contaban Coldplay, Lana Del Rey o Kylie Minogue. A principios de 2012, había creado su propia empresa de gestión, AWM Management, y tenía muchas ganas de fichar a jóvenes talentos australianos. El encuentro casual con 5 Seconds of Summer bastó para suscitar su interés, explicó a Music Network: «Al instante me gustó su aspecto y quise trabajar con ellos, ¡pero me olvidé de su nombre! Entonces fui a Facebook y YouTube y al final los localicé y establecí contacto con Ashton, el baterista.» Wilkinson bromeaba con las razones por las que Ashton había respondido: su mensaje era el único que había recibido jamás de un fan masculino. Al final, Wilkinson firmó un acuerdo de cogestión con la banda, en virtud del cual compartía responsabilidades con Wonder Management, de Matt Emsell.

Wilkinson había compartido despacho con Matt Emsell un par de años antes y creía que su empresa tenía la suficiente experiencia de gestión, pero lo más importante era que podía también ofrecer a los chicos un enfoque más personal, familiar, a la hora de atender sus carreras. Emsell, al igual que Wilkinson, era un veterano de la industria que había supervisado las trayectorias iniciales de varios artistas radicados en Australia con discos de platino, entre ellos el cantautor Matt Corby, la banda de pop-rock Evermore y el grupo pop-punk Amy Meredith.

Con Wilkinson y Emsell subidos ahora al carro, las cosas pasaron a una nueva fase. Se decidió que, en vez de firmar a toda prisa un acuerdo de grabación que pudieran lamentar en el futuro, primero debían establecer contacto con un editor musical que les ayudase en sus primeros pasos dirigidos a escribir sus propias canciones y tener el control de su música. Resolvieron acudir a Sony/ATV, una de las empresas de edición musical más respetadas, con un repertorio enorme y diverso de artistas internacionales de éxito como Beyoncé, Taylor Swift, John Legend, George Michael y Rihanna. Muy pronto los chicos estuvieron preguntando a sus seguidores qué querían ver en la tienda de la banda; tenían un nuevo logotipo con pinta profesional y, lo más importante de todo, estaban a punto de anunciar su primera gira australiana decente.

Matt Emsell estaba especialmente bien preparado para ayudar a 5 Seconds of Summer a pasar de ser un fenómeno local a ser un grupo de músicos importantes en la escena mundial. Sus teorías sobre crear una base de fans desde cero habían funcionado espectacularmente bien con uno de sus primeros fichajes, Evermore, a principios de la década de 2000. Como 5 Seconds of Summer, Evermore tocaba una mezcla de pop y rock que atraía a la misma audiencia joven y femenina, y fue esta base de fans el núcleo de sus primeros públicos en los conciertos. Emsell comprendió la importancia de captar a este pequeño pero entregado grupo de seguidores y de implicarles a tope en la banda durante sus primeros días en la carretera; se lo contaba a Startupsmart.com: «Encontrar a los primeros diez mil fans requiere prestar atención, trabajar duro y tener paciencia... Después de actuar, la banda se quedaba por ahí, se encontraba con sus seguidores, les vendía singles personalmente y se los firmaba. En dos años conocieron a un montón de gente, y aquellos admiradores se sentían especiales... Habían visto un espectáculo, habían conocido personalmente a los integrantes de la banda y se habían convertido en predicadores que llamaban a las emisoras locales para que pusieran las canciones. Empezaba a generarse cierto ímpetu.» Con el tiempo, este ímpetu procuraría a Evermore, entre 2004 y 2009, un par de álbumes de platino y una serie de temas de éxito.

Con la ventaja que tenían los chicos de 5SOS, a creación de una base de fans iba a ser algo más fácil, pues el núcleo evangelista ya estaba formado. Tal como señalaba Ashton, la insistencia de la banda en permanecer en estrecho contacto con sus seguidores a través de los perfiles de las redes sociales comenzaba a dar fruto: «Prestamos atención a nuestros fans online, y ellos la devuelven. Comparten nuestras cosas y nos acompañan realmente en el viaje.» No obstante, el grupo era muy consciente de que esta especie de libre acceso podría desembocar en una pérdida de mística y privacidad. «Ya no estamos en los ochenta —proseguía Ashton—, y nosotros no somos misteriosas estrellas del rock. La gente sabe todo lo que hacemos.» Sin embargo, Michael no tardó en contar a MusicFeeds.com lo mucho que la atención significaba para ellos: «Ahora tenemos fans que se nos acercan dondequiera que vayamos... para nosotros es una sensación bastante surrealista, pues todavía estamos en la escuela y todavía hacemos todas las cosas normales, como los demás adolescentes... Pero nos encantan nuestros fans, y les estamos muy agradecidos por su entrega.»

Los planes de Emsell de relación con los seguidores se extendían al modo en que la banda se presentaría en estos importantísimos cinco primeros espectáculos en directo. «A nadie le gusta pasar el rato en un bar vacío, por buena que sea la música. La mejor manera de experimentar una nueva banda es en un recinto pequeño abarrotado de fans chillones, un pequeño grupo de modernos creadores de tendencias que serán los primeros del mundo en descubrir este gran talento... y que un día podrán decir "yo los vi en tal sitio con otras doscientas personas y ahora tocan en estadios".»

Con esta teoría en mente, la banda tenía previsto actuar tres veces, en lugares relativamente pequeños de Sídney, Melbourne y Brisbane, cada uno con capacidad para 200 o 300 personas. El día de la preventa, se vendieron todas las entradas en cuestión de minutos, mientras la prensa informaba de que las páginas de venta online de cada local se habían colapsado debido a la excepcional demanda. Los chicos anunciaron una segunda actuación en cada uno de los recintos, y las entradas también se agotaron a los pocos minutos de haberse puesto a la venta. 5 Seconds of Summer estaba oficialmente en marcha, y, en su primera gira, el cartel de todo vendido en el zurrón.

Llegados a este punto, y habiendo compuesto solo algunas canciones originales, los chicos debían decidir cuáles de sus muchas versiones iban a grabar. Se reservó el estudio para el 21 de abril, y a partir de ahí dieron sus iniciales pasos vacilantes hacia un mundo mucho mayor. El primer tema que grabaron juntos en un estudio profesional fue «I Miss You», la canción de Blink-182 que había llegado a ser su gran favorita, no solo para ellos sino también para los fans. Este single representa el ejemplo perfecto de la disposición de los chicos a reflexionar sobre su producción y tratar de redescubrir y reelaborar música que acaso fuera totalmente nueva para muchos de sus jóvenes seguidores —después de todo, la versión de «I Miss You» de Blink-182 salió originariamente al mercado cuando Luke contaba solo siete años.

A principios de mayo de 2012, una página web americana, Hot Hits, sacó la primera reseña internacional de la banda, en la que se deshacía en elogios sobre ella y la calificaba como «la banda con la que debes obsesionarte». En Australia, nadie necesitaba realmente avisos, y a medida que se avecinaban los conciertos en directo, el entusiasmo de los fans era cada vez más febril. Los muchachos concedieron la primera entrevista de su vida a MusicFeeds.com, en la que Ashton, portavoz habitual, analizó su rápido progreso y avanzó algo sobre sus planes de futuro: «Llevamos solo cuatro meses como banda, pero esperamos empezar a trabajar en nuestro primer álbum de material original lo antes posible... Tenemos un montón de sesiones de composición a la vista y estamos ensayando varias veces a la semana y escribiendo todo el rato. Queremos hacerlo bien por nuestros seguidores, y darles algo que quieren. En cualquier caso, estamos muy ilusionados... todo está cuajando de forma lenta pero segura.»

Las grabaciones continuaron, y muy pronto los chicos estuvieron pensando solo en la idea de sacar al mercado su primer EP para satisfacer las demandas de su creciente base de fans. Sabían que el EP debía incluir al menos un par de las canciones interpretadas en los primeros vídeos, pero, como revelaron al *Daily Telegraph*, «queremos que la gente nos respete como músicos, no como una banda de versiones en YouTube». Para lograr la credibilidad que ansiaban, tenían que seguir creando su propio material. Su confianza como compositores había aumentado, pero se daban cuenta de que todavía carecían de algunas de las habilidades necesarias para hacer canciones que se ajustasen a la calidad de las versiones que ya habían grabado. El mánager Matt Emsell y los chicos coincidieron en que, en el proceso de composición, necesitaban colaborar con otros artistas, y se tomó la decisión de empezar a buscar coautores con los que 5 Seconds pudiera trabajar y grabar. Afortunadamente, Emsell había fichado a otro grupo orientado asimismo al rock, radicado en Sídney, que casualmente también había firmado con Sony/ATV Publishing. Muy pronto, los chicos de 5SOS estuvieron reunidos con el creativo equipo de compositores que había tras la banda de rock Amy Meredith.

El cantante Christian Lo Russo, Joel Chapman, Cameron Laing y Wade Osborn se habían juntado en 2006 para formar Amy Meredith. Y habían disfrutado de un éxito moderado tras fichar por Sony Australia y sacar un álbum Top 10. Cuando su acuerdo con Sony tocó a su fin, la banda decidió fichar por una compañía independiente, esperando que esto les diera más libertad creativa y la posibilidad de experimentar con su sonido y desarrollarlo. Parte de esta disposición a explorar nuevas salidas creativas se traduciría en que diferentes miembros de la banda trabajarían con diversos autores y artistas de fuera, entre ellos los muchachos de 5 Seconds of Summer. Todos los del bando de Amy Meredith abrazaron la idea de ayudar a un grupo de músicos jóvenes de talento, bien que inexpertos, a encontrar su propia dirección musical, y se entusiasmaron con la posibilidad de introducirles en el arte de componer canciones y de aportarles su experiencia en el estudio de grabación.

Fue un emparejamiento muy satisfactorio, que facilitó a los chicos el acceso al mundo de los músicos profesionales y les procuró unos cimientos sólidos en el proceso de la composición y la grabación. En el transcurso de los siguientes meses, los chicos de 5SOS se encontraron con miembros de Amy Meredith en numerosas ocasiones, y juntos escribieron y grabaron varios temas. Uno de ellos, «Beside You» —escrito por Lo Russo y Chapman, con Luke y Calum— apareció primero como parte del EP *Somewhere New* y más adelante fue regrabado para acabar siendo la canción más vieja de la banda que figurara en su álbum de debut, casi dos años después. Esta canción era una preferida especial; Ashton lo explicaba así a la página web de HMV: «Siempre nos encantó, y de alguna manera quedó enterrada [en el EP *Somewhere New*]. No queríamos desperdiciarla, así que la rehicimos.»

Para los integrantes del grupo, fue esta una época muy especial, que les aportó experiencias nuevas y les permitió expresarse del todo por primera vez de manera creativa. Ashton recordaba lo importantes que habían sido esas primeras sesiones: «Me acuerdo de un viaje en tren de tres horas, en Australia, para componer con Amy Meredith... recuerdas las canciones que escuchabas en el tren, todo.»

Justo antes de la gira, los chicos decidieron que ya era hora de dar a sus fieles admiradores una pequeña muestra de lo que habían estado haciendo durante los últimos meses. El 21 de mayo, dieron a conocer el vídeo de su primera canción original, «Gotta Get Out». Un solo para Calum, con sus medios tiempos, su ritmo dinámico y sus armonías pegadizas, «Gotta Get Out» es un seguro primer paso de la banda, y la agridulce letra es sorprendentemente madura y sentida. El vídeo es desde luego un producto bastante más profesional que cualquiera de sus esfuerzos anteriores, con múltiples ángulos de cámara, primeros planos y un final de mucha más calidad. Los muchachos estaban orgullosísimos de su empeño, y su confianza como intérpretes ante la cámara estaba aumentando sensiblemente.

La gira comenzó con dos conciertos en el Factory Theatre de Sídney el 25 y el 26 de mayo; los chicos se habían asegurado de que el público se sintiera arrastrado a un entusiasmo frenético, con frecuentes cuentas atrás en las plataformas de las redes sociales y diversas posibilidades de interaccionar directamente con la banda. Organizaron un concurso artístico para fans, en el que los mejores participantes ganaban un paquete de artículos del grupo y tenían la oportunidad de asistir a una de las recepciones que tendrían lugar en cada recinto. Esta estrecha conexión con la banda durante las primeras etapas de su carrera garantizó prácticamente la lealtad incondicional de la creciente familia 5SOS, que se sentía parte valorada de la continuada historia de 5 Seconds. Ni siquiera un cambio de local de última hora en los conciertos de Melbourne, debido a que el emplazamiento anunciado se había visto obligado a cerrar, hizo descarrilar el imparable Expreso 5SOS, y el resto de la gira discurrió en una vorágine de agitación y adrenalina. Para celebrar el éxito de sus conciertos en directo, la banda creó un póster online en el que figuraban fotografías enviadas por los fans, que animaban a estos a acompañarles y a compartir las imágenes.

Al acabar la gira, 5 Seconds of Summer era tendencia mundial en Twitter. Cuando aún faltaban seis meses para que la banda cumpliera su primer aniversario, estaba claro que las cosas se movían en la dirección correcta, y el resto del mundo empezaba a fijarse en los cuatro adolescentes de Sídney.

Poco después se inauguró la tienda online de artículos 5SOS, que al principio vendió las camisetas que la banda había mandado confeccionar para los conciertos de la gira australiana. Más adelante, se amplió para vender los propios diseños de los chicos en ediciones limitadas, amén de gorras de béisbol y gorros de punto y un sinfín de complementos de toda clase.

Se anunció otra serie de conciertos en vivo. Esta vez el «Twenty Twelve Tour» llevaría al grupo más lejos, y entre finales de julio y principios de agosto visitaron Adelaida así como las ciudades en las que ya habían actuado. No es de extrañar que las entradas de Sídney y Brisbane se agotaran en cuestión de horas y que durante el resto de la gira se vendieran a buen ritmo.

Se reservó más tiempo de estudio, y, cuando se le estaban dando los últimos toques, la banda anunció la salida al mercado de su primer EP oficial. El EP *Unplugged* constaba de dos canciones originales, «Gotta Get Out» y «Too Late», y dos versiones, «I Miss You» y «Jasey Rae», de All Time Low. La inclusión de dos versiones, ambas aparecidas antes en vídeos de

YouTube, era un adecuado recordatorio de lo lejos que habían llegado los chicos, y ponía de manifiesto una extraordinaria evolución en sus capacidades musicales así como una sofisticación y una madurez crecientes en sus actuaciones.

En el último momento, la salida a la venta del EP sufrió un retraso de una semana, y la banda colgó en Facebook una complicada historia que incluía el monte Everest, un oso y a Callum intentando recuperar el EP a modo de apología. También recordaba discretamente a todos que su primer disco oficial se podría comprar en iTunes el 26 de julio de 2012.

Situado cómodamente junto a álbumes nuevos de Maroon 5, Justin Bieber, Katy Perry y Lady Gaga, el EP *Unplugged* de 5 Seconds of Summer fue seleccionado en la tienda de iTunes, y las ventas empezaron muy bien. Sin una empresa discográfica importante detrás de ellos ni equipo de marketing que publicitara el disco, los chicos tuvieron que hacer casi todo el trabajo por sí solos. Durante una semana promocionaron esta salida al mercado con una serie de recepciones y sesiones de canto, chats en Ustream y diversas entrevistas en medios destacados, incluyendo una actuación acústica en directo en la emisora de radio Nova FM y un artículo en uno de los tabloides más populares de Australia, el *Daily Telegraph*. Este planteamiento desde abajo resultó sumamente satisfactorio; y su legión de seguidores mostró muchas ganas de mostrar su apoyo.

El single llegó al número tres de la lista australiana de iTunes y ascendió al Top 20 de las listas oficiales de Australia y Nueva Zelanda, a la vez que fue un éxito en Suecia. Un logro notable para el primer disco de cualquiera, y aún más extraordinario si tenemos en cuenta que era autoeditado.

Crecía la confianza en la banda y el equipo de gestión. Sin lugar a dudas, todos los que rodeaban a los chicos comenzaban a creer que 5 Seconds of Summer tenía posibilidades de largo recorrido, no solo en la escena musical australiana sino también en el resto del mundo. Cuando los seguidores de la banda en Facebook superaron la cifra de 50.000, dio la impresión de que el plan general de Matt Emsell estaba haciéndose realidad: 5 Seconds of Summer ya no eran solo cuatro adolescentes normales que compartían el sueño de montar su propia banda: estaban convirtiéndose en un éxito global, y de momento no estaba claro dónde terminaba su viaje.

En el otro extremo del mundo, en la oficina central de One Direction de Londres, se iban recibiendo informes sobre una nueva banda de pop que acababa de meter su primer single en las listas, había creado su propio tropel de seguidores a nivel mundial, y estaba a punto de iniciar su segunda gira por Australia como cabeza de cartel... todo sin un contrato discográfico importante. Calum explicaba así a Punktastic lo significativo que fue el interés de Louis Tomlinson, miembro de One Direction, en la banda: «Louis nos localizó en YouTube y dijo "hemos de hacer algo con esta banda".» Se realizaron las oportunas llamadas, y enseguida se sugirió la idea de que 5 Seconds of Summer podía ser el grupo perfecto para acompañar a One Direction como teloneros en su siguiente gira mundial. Con el equipo directivo de Emsell, sobre todo Wilkinson, haciendo uso de todos los recursos posibles para que el acuerdo resultara, fue una época ilusionante para todos los vinculados a la banda. Michael explicaba hasta qué punto todo era como una fantasía: «Cuando los tíos empezaron a hablar de ello con nosotros, creímos que nos estaban vacilando.»

Para cuando se llevaban a cabo las negociaciones, los muchachos ya estaban mentalmente en la carretera, a punto de emprender su Twenty Twelve Tour. Lo recordaba Calum: «En Adelaida, nos encontrábamos almorzando con este trozo de papel delante según el cual estábamos haciendo una gira mundial y se enumeraban todos los recintos, y había innumerables trozos de papel. De alucine.»

Las cosas sucedían deprisa, sin duda, de modo que cada episodio añadía más impulso a la maquinaria de 5 Seconds of Summer. Aun así, los chicos se esforzaban por continuar con sus estudios y permanecer centrados en su «vida real» en casa. Iba a ser todo más difícil a medida que una proporción cada vez mayor de su tiempo libre fuera absorbida por ensayos de la banda, encuentros con fans y otros compromisos nuevos. Como explicaba Luke a la página web Music Feeds: «Todavía estamos tratando de compatibilizar esto con la escuela; hacemos todo lo posible para que funcione.»

Por desgracia, no solo su vida escolar padecía la presión añadida. La relación de Luke con su novia terminó en agosto, y una desconsolada Aleisha colgaba esto en su página de Facebook: «El día de hoy ha ganado merecidamente el premio de peor día de mi vida.» Al parecer, la pareja había decidido separarse amistosamente, sin duda como consecuencia del calendario cada vez más apretado de Luke. No obstante, los sentimientos de Luke hacia Aleisha parecían tan fuertes como siempre. Cuando, meses después, en una sesión de preguntas y respuestas de Twitter una seguidora le preguntó qué era lo mejor que le había pasado en la vida además de 5SOS, él contestó: «Seguramente mi ex novia.»

Cuando faltaban poco más de seis meses para comenzar la gira de One Direction, los cuatro chicos habían tomado la decisión de que lo primero era la banda: había mucho trabajo que hacer a fin de garantizar que estaban totalmente preparados para el inminente desafío. No podía haber distracciones, y debían concentrarse al cien por cien en la banda, así que codos y a trabajar. Si quería que su espectáculo en directo tuviera el nivel requerido, debían seguir ensayando, aparte de que necesitaban más material para su repertorio. No tenían intención alguna de ir por el mundo tocando solo un puñado de canciones de otros.

Las sesiones de composición con Amy Meredith habían ido la mar de bien y ayudado a clarificar las ideas de los muchachos sobre la dirección musical que querían imprimir a la banda. Interesados en encontrar más coautores que les ayudasen a escribir un catálogo variado de material original, con la intención de sacar otro EP de canciones nuevas y a la larga su primer álbum, se difundió la noticia a varios colaboradores potenciales, y esta vez lanzaron la red todo lo lejos que fue posible.

Los chicos empezaban a poner en marcha el sonido que querían para su banda. Ashton se lo explicó a Vevo: «Todos crecimos en la época de Green Day... y esta clase de música nos está influyendo mucho hoy.» Luke confirmó la importancia de otro grupo rockero americano de éxito, Good Charlotte, para su plan general: «[Ellos] tienen la culpa de que yo empezara a tocar la guitarra. Es un poco la explicación de por qué empezamos todos, por bandas así.»

Aunque es cierto que, en los años comprendidos entre 1995 y 2005, bandas como Green Day, Blink-182 y Good Charlotte eran actores importantes en la escena musical internacional, ninguna de ellas tenía especial interés en atraer a audiencias pop masivas a la manera de otros grupos contemporáneos como las Spice Girls, *NSYNC o los Backstreet Boys. Por tanto, en aquel momento, ninguno pasó al territorio donde también pudieran atraer a un público femenino mucho más joven: la base de fans que 5 Seconds of Summer ya parecía haber enganchado. Tras señalar el modo en que habían evolucionado las cosas desde el boom del pop-punk a principios de la década de 2000, en una entrevista para *Billboard* realizada en agosto de 2014, el productor discográfico John Feldman

—uno de los colaboradores eventuales de los chicos— decía esto: «En la primera oleada de Green Day y Blink-182, la multitud estaba formada por tíos en un noventa y ocho por ciento... Ahora, diría que el ochenta por ciento son chicas.»

Estaba claro que la decisión de los muchachos de seguir el camino señalizado por sus influencias musicales más tempranas era inteligente, pero tampoco querían ser un calco de sus héroes. Como explicó más adelante Ashton a *Alternative Press*, algunos elementos de su querido pop-punk no encajaban en su plan general: «Si hay algo que detesto del pop-punk, es la gente que cree que has de hacerlo todo [el doble de rápido]... Pienso que es algo horrible... Yo fui educado así. Cuando entro en un pub y veo a bandas tocando de este modo, pienso "¡baja el ritmo!"»

En vez de ello, querían perfeccionar, adaptar y actualizar el sonido de estos grupos pensando en el público de hoy, tal como explicaba Michael: «Somos una especie de hijo natural de todas nuestras influencias. Adoptamos influencias del pop para seguir siendo modernos porque en última instancia queremos modernizar el rock de los noventa y pricipios de la década de 2000 con pop de la actualidad.» Aunque era este elemento pop el que los chicos tenían especiales ganas de mezclar, sabiendo que atraería a sus fans actuales, no querían diluir la esencia de la banda —eran músicos de verdad que tocaban sus propios instrumentos—, y la idea de que un grupo de productores anónimos les dieran canciones a interpretar nunca fue para ellos una perspectiva aceptable. Aunque respetaban a otros grupos que representaban el más tradicional estilo de «banda pop de chicos llenos de brío y vitalidad» —al fin y al cabo, habían versionado tanto a One Direction como a los Backstreet Boys—, querían ser conocidos por sus habilidades musicales y por componer sus canciones. Calum lo resumió sucintamente explicando a Vevo que querían «relanzar el rollo de la banda».

Era la ruta más difícil, por supuesto. Aunque en los últimos años el guitarrero sonido pop-punk había perdido aceptación, siendo sustituido en las listas principales por una serie de artistas más refinados de estilo R&B, *dance and pop*, la música rock todavía era fuerte. Surgió una nueva generación de bandas rockeras más sofisticadas, sobre todo en EE.UU., que inspiró a muchos músicos jóvenes (entre ellos los chicos de 5SOS) para que cogieran la guitarra y montaran su propio grupo. Bandas como All Time Low, Mayday Parade o A Day To Remember se abrían paso desde el subsuelo y empezaban alcanzar una aceptación comercial generalizada. Lo que los chicos de 5 Seconds of Summer comenzaban a comprender era que, si eran capaces de combinar los ramales separados del pop, el rock y el punk, obtendrían una fórmula ganadora capaz de ocupar un enorme hueco en el mercado.

Aunque se habían creado unos cuantos creíbles y exitosos temas pop-rock fruto de mezclas, como «Since U Been Gone», de Kelly Clarkson, o «So What», de Pink, con la ayuda de productores de pop de estudio, la implicación del artista variaba de un caso a otro. Encontrar compositores experimentados dispuestos a sentarse, a veces durante varias semanas seguidas, con bandas y cantantes inexpertos para ayudarles a moldear y convertir sus ideas en canciones quizá sería una tarea ingente. Menos mal que había un sitio donde esta mezcla experimental de géneros ya había tenido éxito, un sitio que era también sede de un número desmesurado de compositores de ideas afines. Casi diez años antes, una joven banda llamada Busted había tenido un gran éxito en el Reino Unido con una combinación asimismo enérgica de pop-punk y rock. Los chicos de 5 Seconds of Summer estaban a punto de encontrar una especie de almas gemelas en la otra punta del mundo, Londres.

Se sabía que varios compositores y equipos de producción británicos de renombre, entre ellos James Bourne, de Busted, y Tom Fletcher, de McFly, habían manifestado interés en conocer a Luke, Michael, Calum y Ashton. No solo estaban disponibles, sino que tenían muchas ganas de aportar algo al sonido emergente de 5 Seconds of Summer. Se elaboró un plan para enviar a los chicos a Londres a componer durante dos semanas, con la esperanza de que las colaboraciones propuestas funcionaran lo bastante bien para regresar a Australia con la mayor parte de su primer álbum terminado y listo para ser grabado. Un viaje a Londres quizá también les proporcionara la oportunidad de conocer a sus próximos compañeros de gira,

One Direction y cuadrar los detalles más concretos de este contrato.

Así pues, a finales de agosto de 2012, al día siguiente de haber dado un concierto acústico gratis en el Hyde Park de Sídney, los chicos dijeron a sus fans que antes de un mes se marcharían a Londres. Antes de irse, la banda dio a entender la razón de sus viajes largos y colgó un vídeo suyo en que interpretaban «Year 3000», de Busted. También hicieron varios anuncios sobre su calendario inmediato, incluyendo su primer espectáculo fuera de Australia —sería un único concierto en Nueva Zelanda el 3 de noviembre—, pero lo más impresionante de todo fue que, poco después de su regreso de Londres, gracias a otro acuerdo alcanzado por Wilkinson, se sumarían a la banda rockera americana Hot Chelle Rae y su telonera británica Cher Lloyd, finalista de *X Factor*, en la etapa australiana de la gira. Aunque se trataba de ciudades donde la banda ya había actuado, eran con mucho los conciertos más importantes hasta la fecha.

El viaje a Londres fue una increíble oportunidad para los cuatro, algo que unos meses antes habría parecido inimaginable. Fue especialmente emocionante para Luke, que no había salido nunca de Australia.

Lo primero sería organizar un pequeño espectáculo acústico en el Hyde Park de Londres. Los chicos se morían de ganas de encontrarse con sus fans del otro lado del mundo y mediante Twitter y Facebook los invitaron a asistir a la actuación. Teniendo en cuenta que vivían en otro continente, situado a miles de kilómetros, y que no habían sacado al mercado nada para sus seguidores británicos, era muy improbable que llegara a aparecer alguien, pero aun así acudió un entusiasta grupo de unos cincuenta a escuchar unas cuantas canciones y a charlar con los chicos.

Durante el resto de su aventura londinense, conocieron a algunos de los compositores de más prestigio del Reino Unido y concretaron sus importantes nuevos contactos comerciales, poniendo en marcha lo que estaba a punto de convertirse en la época más trepidante de su vida hasta la fecha. Justo antes de abandonar el Reino Unido y poner rumbo a casa, como gesto de agradecimiento a los seguidores británicos colgaron en YouTube una versión de «Give Me Love», de Ed Sheeran, grabado en directo en Londres. El gesto sirvió para hacer hincapié en lo lejos que, desde un punto de vista geográfico y en sentido figurado, les habían llevado sus actividades en las redes sociales.

Los chicos volvieron a Australia convenientemente entusiasmados. El viaje a Londres les había ayudado a desarrollar y flexionar mejor sus creativos músculos, y con creciente confianza en sí mismos siguieron componiendo y grabando con Christian y Joel, de Amy Meredith, mientras se acercaban poco a poco al momento de sacar al mercado su siguiente EP. A finales de octubre, con los conciertos de Hot Chelle Rae en su haber, los muchachos dieron los últimos toques a las nuevas canciones grabadas y anunciaron a sus impacientes seguidores que el EP *So-*

mewhere New saldría a la venta la primera semana de diciembre.

Lo que no podían saber era que su mundo estaba a punto de ponerse patas arriba. Un mensaje de solo trece palabras iba a convertirse en la promoción más importante que recibieran jamás; y cambiaría su vida para siempre.

CAPÍTULO SIETE

LLAMADA
DE LONDRES

Londres. ¡Qué frío!

5 SECONDS OF SUMMER, FACEBOOK

El tuit, enviado el 6 de noviembre de 2012, decía así: «Llevo un tiempo como fan de esta banda, todo el mundo la apoya»; y luego incluía un enlace con el vídeo de «Gotta Get Out» de YouTube. Aunque en el último año 5 Seconds había recibido muchos mensajes igual de alentadores, este tenía su origen en la cuenta de Twitter de Louis Tomlinson, una quinta parte de One Direction, la banda masculina más importante del mundo.

La historia subyacente a la relación entre los dos grupos es fascinante. Al parecer, Louis había descubierto tiempo atrás en YouTube el vídeo de «Teenage Dirtbag». Seguramente le impactó y en todo caso bastó para empujarle a investigar más. Intrigado tal vez por ciertos informes sobre la joven banda pop australiana que ya había versionado una de sus canciones, acabó encontrando el sonido más refinado y profesional de «Gotta Get Out». Enganchado al instante, Louis pronto estuvo abogando por 5 Seconds of Summer entre sus colegas de la banda y puso sobre aviso al equipo directivo de 1D acerca del potencial del grupo australiano. En lo que pareció un parpadeo, 5 Seconds of Summer había sido propuesto como posible telonero de la gira, y todo se puso en marcha. Cuando llegó el famoso tuit, las negociaciones entre bastidores ya llevaban un tiempo, pero con la gira apenas a unos meses vista e incapaces de mantener por más tiempo en secreto su descubrimiento, al parecer Louis quiso que sus seguidores de Twitter vieran por sí mismos a qué venía todo ese alboroto. Esta audiencia de Twitter —que en la actualidad se sitúa justo por debajo de los 17 millones de seguidores— quedó lógicamente impresionada, y pronto el vídeo tuvo más de 75.000 retuits.

En el mundo actual, algo tan sencillo como un tuit puede llegar a ser el más poderoso elemento de promoción que un artista de sello discográfico llegue a recibir jamás, en especial si el tuit es de un integrante de una de las bandas más populares del momento. El efecto de las trece palabras de Louis fue instantáneo y no tenía precedentes. Las visualizaciones en

YouTube, los «me gusta» de Facebook y los seguidores de Twitter empezaron a crecer de manera exponencial.

La banda estuvo de repente bajo los focos globales como nunca antes: las invitaciones a tocar en conciertos llegaban a raudales; el nivel de atención mediática era pasmoso. También daba la impresión de que el mundo de las redes sociales no podía dejar de hablar de 5 Seconds of Summer.

El equipo que cuidaba del grupo y lo gestionaba estaba totalmente anonadado por las proporciones de lo sucedido, y se tomó la decisión de retrasar todo lo posible el anuncio de la presencia de la banda en la gira de One Direction. Si fue difícil asimilar el tuit de Louis, no digamos ya la reacción subsiguiente. Se intentaría lo necesario para proteger a 5 Seconds of Summer de la luz deslumbradora de la prensa y los medios, sobre todo durante el período en el que todavía estaban procurando llevar una existencia regular fuera de la banda, donde aún importaban mucho la escuela, los exámenes y una vida normal en casa con la familia. Llegó a ser una prioridad de todos mantener a los chicos firmemente de pies en el suelo. Era ya el momento de tener conversaciones serias con los chicos y sus padres; todos deberían tomar importantes decisiones sobre el futuro, tanto a corto como a largo plazo.

Un año o así antes, al decirles los muchachos que querían dedicarse profesionalmente a la música, los padres habían reaccionado con sorpresa. Calum lo contó a la emisora de radio KIIS 1065: «Dijeron algo como "¿por qué quieres estar en una banda?"» Al principio, los padres habían hecho la vista gorda ante los retrasos en los deberes escolares y las crecientes exigencias de tiempo debido a sus compromisos con el grupo, pero enseguida fue aumentando su interés respecto a las perspectivas futuras de sus hijos, temerosos y escépticos sobre sus posibilidades, a tan temprana edad, de tener una carrera estable en la caprichosa y despiadada industria musical. Fueron unos meses estresantes: los padres y las madres se apartaron y observaron a los chicos compatibilizar desesperadamente su vida personal con su vida paralela como incipientes estrellas del rock. Sin embargo, a medida que creció la confianza de la banda y los padres empezaron a ver lo comprometidos que estaban sus hijos, las dudas se convirtieron a apoyo ferviente; así lo reveló Ashton: «Por alguna razón tenían fe, y al final nos dieron su apoyo.»

5 Seconds of Summer estaba ahora caldeando una industria musical fascinada por sus impresionantes estadísticas en las redes sociales y con ganas de entrar en acción. Pese a que el interés en la banda no hacía más que aumentar, ellos aún se sentían relativamente inexpertos. Había presión por firmar un contrato discográfico, pero los chicos decidieron que preferían tomarse más tiempo para crear su arsenal de canciones originales y trabajar en su química escénica a fin de que sus actuaciones en directo fueran lo más rigurosas posible. Si algo iba a darles la oportunidad de crecer como banda, sería actuar cada noche en un es-

tadio lleno como parte de una gira de 100 conciertos en las ciudades más importantes del mundo. Afortunadamente, aunque la suerte empezó a sonreírles y esto quizá elevó la presión, también les procuró la suficiente confianza para no precipitarse. Junto a las asombrosas oportunidades que ya habían tenido, los chicos tomaron la decisión de hacer otro viaje a Londres para componer y grabar, esta vez por un período prolongado, antes de la gira de One Direction.

Aunque los padres de los chicos respaldaban del todo la implicación de sus hijos en la banda, un viaje largo al extranjero significaba que de hecho estarían lejos de casa buena parte de los siguientes doce meses, un paso de gigante en el compromiso con el futuro del grupo. Llegados a este punto, solo Michael había dejado oficialmente el instituto; Luke y Calum todavía estaban matriculados en Norwest, sin duda esforzándose por seguir el ritmo de los estudios, y Ashton había abandonado Richmond y realizado sus exámenes. Para todos era un momento decisivo. Luke y Calum deberían dejar la escuela antes de poder graduarse si querían ir con los otros a Londres y luego a la gira de 1D. Tras mucho meditarlo, los cuatro decidieron seguir con 5 Seconds of Summer. Tras examinar la distancia recorrida en solo un año y su potencial al parecer ilimitado, vieron que estaban ante una oportunidad demasiado buena para desperdiciarla ante el primer contratiempo real.

Antes de ir a Londres, quedaba la bagatela de sacar al mercado su primer EP propiamente dicho, *So-*

mewhere New, que contendría su primera serie de grabaciones completas de estudio, entre ellas la canción principal, «Out Of My Limit», dos temas —«Beside You» y «Unpredictable»— escritos durante sus sesiones con Amy Meredith, así como una versión de «Gotta Get Out». Entre finales de noviembre y principios de diciembre, la banda adelantó material gráfico, colgó imágenes de los CD a medida que llegaban al cuartel general de 5SOS, dio a conocer su primer vídeo musical de verdad (de «Out Of My Limit») y al final lanzó el single dando un concierto especial en el Metro Theatre de su ciudad. Tres días antes de salir a la venta el EP, la banda iba ya camino de Londres.

Hacía casi un año desde que los chicos dieran su primer concierto como banda de cuatro componentes, y no podían menos que reflexionar sobre lo lejos que habían llegado y su decisión de dejar la escuela y vincularse al grupo a tiempo completo. Más adelante, Luke lo explicó a la emisora de radio 96.5 TIC FM de Connecticut: «Aún éramos realmente jóvenes... tuvimos que crecer mucho, de veras deprisa en el espacio de un año. Para nosotros fue un paso importante, pero estamos orgullosos.» Tenían buenos motivos para sentirse orgullosos, desde luego. El viaje a Londres sería indudablemente la guinda del pastel.

A su llegada, los chicos se instalaron enseguida en el apartamento que sería su casa durante los meses siguientes. Dividido en dos plantas, era un piso moderno, recién amueblado, tan nuevo, de hecho, que no tenía televisión ni wi-fi. De los dos dormitorios, Michael y Ashton escogieron uno y Luke y Calum el otro. Ashton no tardó en imprimir su sello personal a la habitación, asegurándose de que su cama estuviera engalanada con un edredón cuya funda llevaba un leopardo estampado.

Los dos primeros días los pasaron acostumbrándose a su nuevo entorno, intercalando paseos a los centros comerciales cercanos a comprar suministros para su estancia en Londres. En Inglaterra, el tiempo fue un chasco para los chicos, pues hubo intensas nevadas y temperaturas bajo cero, ¿fue una casualidad que una línea de jerséis de 5SOS saliera a la venta en su tienda mientras permanecieron en la ciudad? En cualquier caso, no todo iba a ser pasarlo bien. Había mucho que hacer antes de la gira, y en cuestión de días se vieron inmersos en la tarea en cuestión: al fin y al cabo, tenían que componer y grabar canciones para un álbum.

Los chicos tenían programadas varias reuniones con reputados compositores y músicos, y no había pasado una semana desde su llegada y ya estaban trabajando duro en Chewdio, un estudio de grabación del este de Londres propiedad de Nick Hodgson, antiguo baterista de Kaiser Chiefs. Nick acababa de anunciar que dejaba la banda la semana anterior, casualmente el mismo día que llegaban a Londres los chicos de 5SOS, pero no fue ni mucho menos una decisión de improviso. Había sido miembro fundador de Kaiser Chiefs, donde había tocado la batería y había sido uno de los compositores clave a lo largo de sus quince años de carrera, y tiempo atrás ya había tomado la decisión de dejar el grupo en cuanto hubiera cumplido los treinta y cinco. Aunque el resto de los Kaisers lamentaron su partida, la separación fue amistosa: el cantante principal de la banda, Ricky Wilson, tuiteó un mensaje de apoyo declarando que Nick siempre sería bienvenido a reincorporarse a la banda en el futuro. Los chicos de 5SOS estaban encantados de trabajar con un auténtico músico; desde luego a Ashton le hacía especial ilusión pasar un rato a la batería con un colega tan experimentado.

5 Seconds también dedicó tiempo a componer y grabar con Roy Stride, el principal compositor de la banda indie-rock Scouting for Girls. Roy se había encargado de escribir todos los temas del innovador primer álbum de su banda así como de la secuela. Los dos discos llegaron al Top 3 del Reino Unido, con unas ventas conjuntas de más de un millón de copias, lo que proporcionaría a los chicos la ayuda necesaria para superar la división entre pop y rock.

Al igual que Stride y Hodgson, los integrantes de 5 Seconds tuvieron la oportunidad de trabajar con Rick Parkhouse y George Tizzard, compositores del equipo de producción Red Triangle, que estaban detrás de éxitos recientes de Olly Murs, Pixie Lott, Little Mix y Cheryl Cole, y el veterano compositor-productor Richard Stannard, coautor de «Wannabe», de las Spice Girls, que logró innumerables éxitos con un amplio abanico de artistas pop, entre ellos Kylie Minogue, Five, Westlife, Will Young y una colaboración más reciente con Ellie Goulding en su tema «Lights». Estas sesiones resultaron especialmente fructíferas, de modo que varias canciones originarias de este período se abrieron camino hasta futuras ediciones, entre ellas «Lost Boy», «Close As Strangers», «Greenlight» y «Voodoo Doll», con «English Love Affair», «Good Girls» y «18», figurando finalmente en la versión estándar de su primer álbum de doce temas.

Tal vez el contacto más importante que establecieron los chicos durante este período fue el de Steve Robson, veterano compositor y productor británico con una larga y variada carrera en la industria musical. Robson había influido en el éxito de la banda de pop-rock Busted, perfeccionando su sonido en largas sesiones de composición y grabación para, en última instancia, ayudarles a crear algo inconfundiblemente propio. Robson era consciente de que los tres integrantes de Busted eran individuos de un gran talento, cada uno con un sueño similar al compartido por 5 Seconds of Summer: como Luke, Michael, Calum y Ashton, querían hacer sus propias canciones y tener una participación importante en la producción de su banda. Robson estaba decidido a potenciar la creatividad de Busted, y, con su ayuda, el trío se sintió alentado a aportar algo a cada uno de los temas que al final constituirían su primer álbum homónimo y su secuela. Ambos discos llegaron al número uno de las listas del Reino Unido, y de cada uno se vendieron casi un millón de copias.

Un hecho poco conocido en su momento, pero

muy publicitado desde entonces, fue que Busted tenía un arma secreta. Se supo que un elemento clave de su historial de éxitos había sido la capacidad compositora del cuarto miembro no oficial, Tom Fletcher. Tom había hecho una infructuosa audición para incorporarse a la banda, y el puesto había sido finalmente para Charlie Simpson. No obstante, había permanecido en contacto con los muchachos y a la larga acabó siendo coautor de casi la mitad de los temas del segundo álbum, sobre todo en colaboración con Bourne, un miembro del grupo. Tom decidió que quería participar en la fiesta y en 2003 formó su propia banda, McFly. La relación que Tom ya tenía con Busted resultó valiosísima. Busted invitó a McFly a una gira, y al final el nuevo grupo firmó un contrato con el mismo sello discográfico, Island Records. El éxito inicial de McFly superó incluso al de su mentor: entre 2004 y 2008, en el Reino Unido registró en el Top 10 quince singles consecutivos y cinco álbumes. Aunque a ninguna de las dos bandas le fue demasiado bien en América, sí lograron un par de éxitos en Australia y Nueva Zelanda. Las ventas combinadas de los álbumes de McFly en todo el mundo superan los 11 millones de copias en el momento de escribir esto, y ambos grupos aún disfrutan de un sólido conjunto de seguidores gracias a la creación de McBusted —una mezcla de McFly y Busted en la que figuraban los cuatro miembros del primer grupo y Matt Willis y James del segundo— que durante 2014 estuvo de gira dando conciertos únicos.

Las diferencias entre las precoces carreras de 5SOS y de Busted y McFly son bastante evidentes —5SOS no contaba con el respaldo de un elemento importante como Island Records—, pero las semejanzas son igualmente notables. Desde el punto de vista musical, ambas bandas parecían encajar a la perfección en la categoría comercial pop-punk a la que aspiraban los chicos de 5SOS, y se pueden establecer paralelismos en su deseo de estar plena y creativamente implicados en la composición y la grabación de su propia música.

Por su implicación en el moldeado del sonido de Busted, lo que posteriormente llevó al éxito de McFly, Steve Robson parecía la pareja perfecta para los chicos. Fue también importante que, en los años siguientes a su relación con Busted, Robson había seguido trabajando al máximo nivel, componiendo y produciendo numerosas canciones de éxito para algunos de los artistas pop más importantes del Reino Unido, como Take That, Olly Murs, One Direction o Leona Lewis. Robson goza de una posición excepcional en su campo: ha desplegado una enorme versatilidad y una gran capacidad para prestar su talento a una amplia variedad de artistas, ha trabajado con los cantautores James Blunt y James Morrison, y ha tenido una provechosa actividad suplementaria en la composición de canciones para algunas de las principales estrellas country de sonido Nashville tras el gran éxito de su tema «What Hurts the Most», cuando fue versionado por Rascal Flatts en 2006. ¿Había alguien mejor preparado para convertir un disco en éxito, o más capaz de moverse por los recovecos de la siempre cambiante industria musical?

Con una gran experiencia y una verdadera afición a toda clase de música, había aquí alguien en condiciones idóneas para entender lo que quería 5 Seconds y ayudar a hacerlo realidad. Tras pulir algunos bordes bastos mientras dejaba intacta su energía en bruto, supo exactamente adónde llevar el emergente sonido de los chicos. Robson fue una verdadera inspiración para la banda, no solo como mentor en el estudio sino también al procurarles un respaldo excepcional durante lo que debió de ser un intenso período de su vida. A pesar de la cantidad de trabajo que debían hacer, consiguió mantener un ambiente divertido además de creativo, y Michael enseguida admitió que valoraban la oportunidad que suponía su estancia en Londres. Así lo contaba al *Daily Telegraph*: «Es muy guay trabajar con personas de las que conoces y te gusta su música.» También hacía comentarios específicos sobre la importancia de trabajar junto a Robson: «Ha hecho muchísimas cosas, así que fue un acuerdo muy bueno... Le he pedido un montón de historias porque ayudó a Busted, una de mis bandas preferidas... Era un tío de lo más genial.» Esta asociación influiría de forma considerable en el desarrollo del sonido general de la banda y se traduciría en la creación de «The Only Reason» y los eventuales temas clave del álbum «Heartbreak Girl» y «Don't Stop», el segundo de los cuales dio a 5 Seconds of Summer, en mayo de 2014, su segundo éxito Top 3 consecutivo en el Reino Unido.

Con la noticia de su condición de teloneros de One Direction todavía en secreto, los chicos tenían ganas de hacer saber a sus fans que, aunque estuvieran en el otro extremo del mundo, seguían teniéndoles muy presentes. Decidieron que hacer público un tema, escrito y grabado durante su estancia en Londres, permitiría a los seguidores más fieles saber con exactitud qué habían estado haciendo mientras se encontraban ausentes. Hubo un avance de «Heartbreak Girl» a principios de febrero, y el día trece por fin fue posible descargarlo gratis. En su página de Facebook colgaron un mensaje especial: «Esta es una de las canciones en las que hemos estado trabajando en Londres, ¡y queríamos que fuerais los primeros en oírla! Estamos orgullosos de ella, y esperamos que a vosotros os pase lo mismo... Es para vosotros.»

Mientras los chicos estaban esforzándose de lo lindo en diversos estudios y salas de grabación de Londres, entre bastidores las negociaciones finales estaban llegando a buen puerto, y por fin se firmó el contrato a partir del cual la vida de los muchachos ya no sería lo mismo nunca más. Luke, Michael, Calum y Ashton estaban listos para hacer el gran anuncio; había llegado la hora de contar al mundo su pequeño secreto.

El día de San Valentín de 2013 comunicaron a todos sus admiradores que iban a juntarse con una de las bandas más populares del momento en una de las giras más importantes del año: serían los especialísimos invitados de One Direction. 5 Seconds of Summer estaba ahora a punto de alcanzar la fama y el éxito.

CAPÍTULO OCHO

NUEVA DIRECCIÓN

¿En qué lugar del mundo puedo encontrar el mayor número de chicas adolescentes? En un concierto de One Direction. Como son quienes comprarán nuestro disco, hemos de tocar para ellas.

NICK RAPHAEL, PRESIDENTE DE CAPITOL
RECORDS REINO UNIDO, *MUSIC WEEK*

Cuando los miembros de la banda declararon «¡2013 será el mejor año de la historia! ¡Os queremos!» en su mensaje de Año Nuevo dirigido a sus seguidores de Facebook, desde luego no se quedaron cortos. Sin lugar a dudas, los chicos tenían muchas ganas de dejar caer algunas insinuaciones sobre sus planes inminentes y preparar a todos para los próximos episodios importantes en la historia de 5 Seconds of Summer. En retrospectiva, la idea de desplazar los chicos a Londres a finales de 2012 seguramente tuvo tanto que ver con el acuerdo que se negociaba con One Direction como con el hecho de mandar a los chicos a otro viaje de trabajo en el que seguirían escribiendo temas para su álbum de debut. Parece de lo más natural que en su prolongada estancia en Londres tuvieran la oportunidad de conocer a 1D, algo necesario a fin de asegurarse de que todos se llevaban bien antes de que empezasen en serio los ensayos para la gira. Esto también les daría la posibilidad de prepararse mental y físicamente para el inmediato desafío.

Al final todo cuajó a la perfección, y los chicos de 5SOS consiguieron pasar mucho tiempo con los de One Direction. Niall Horan había encontrado la oportunidad de pasar el rato con ellos en una sesión de estudio en enero, y el resto de chicos de 1D ampliaron el contacto a un partido de fútbol, que al parecer los de 5 Seconds perdieron por la rotunda paliza de 15 a 2.

Además de iniciar una relación sólida con One Direction, los chicos establecieron algunos contactos importantes con la industria musical, y escribieron y grabaron varias canciones nuevas —que unas veces fueron finalizadas y otras acabaron siendo los cimientos de temas futuros— antes de que los preparativos para su siguiente gran aventura estuvieran definitivamente en marcha. Los chicos tenían que hacer algunos ajustes: iban a ver el mundo como teloneros de la banda masculina más importante del planeta y a encontrarse con millones de fans nuevos. Desde la sala de música de la Escuela de Norwest habían recorrido un largo camino, sin duda.

One Direction gozaba de una enorme popularidad en todo el mundo tras una de las más extraordinarias, y rápidas, historias de éxitos de los últimos tiempos. De orígenes bastante humildes, habían sido reunidos por Simon Cowell y su equipo para la temporada 2012 de *The X Factor* —el concurso de canto más importante del Reino Unido—, después de la cual cada uno de los cinco muchachos había hecho una prueba y sido rechazado como cantante solista en el Boot Camp. Como en la categoría del grupo no había contrincantes fuertes, los productores decidieron formar una banda de chicos utilizando algunos de los solistas sin suerte. De este modo, Harry Styles, Zayn Malik, Louis Tomlinson, Niall Horan y Liam Payne se convirtieron en One Direction, y el resto es cosa sabida.

Aunque la banda no ganó el concurso (de hecho quedó en tercer lugar, detrás del ganador, Matt Cardle, y la finalista, Rebecca Ferguson), a juzgar por las reacciones de la gente durante la gira de *X Factor* tras la temporada, quedó claro que One Direction iba a ser algo importante. Sus integrantes se valieron de las redes sociales para conectar con una enorme masa de seguidores de todo el mundo sin sacar al mercado una sola nota de música —aunque colaboraron en la edición benéfica de los finalistas de *X Factor*, «Heroes», su single de ganadores, «Forever Young», siguió sin salir al mercado tras el programa—, pero sus fans tendrían que esperar todavía mucho antes de que «What

Makes You Beautiful» llegara por fin a ser su primer disco, casi un año después de que la banda actuara en su primer espectáculo en directo.

One Direction ya había hecho muchas giras tras la salida al mercado de su primer álbum, *Up All Night*, que los había llevado por todo el mundo —a América por primera vez— e incluso a dar un puñado de conciertos en Australia. En conjunto, actuaron en más de cincuenta espectáculos repartidos por ocho países de tres continentes distintos, con lo que los chicos estuvieron viajando durante casi seis meses, hasta principios de julio de 2012. El éxito de One Direction iba a toda marcha, y cada vez había más países que caían bajo su hechizo.

El impulso era imparable mientras se preparaban para sacar a la venta el segundo álbum en menos de un año. Titulado *Take Me Home*, el disco conseguiría ser dos veces número uno en EE.UU. —la primera banda masculina en lograrlo el mismo año con dos álbumes diferentes—, y la gira planificada para respaldarlo necesitaba reflejar el enorme aumento de su popularidad mundial. La gira Take Me Home constaría de casi el doble de conciertos: incrementaría el número de actuaciones americanas y australianas y a la vez llevaría por primera vez a los muchachos por Europa y Japón. Desde febrero hasta principios de noviembre de 2013, tenían pensado visitar veintiún países en total, lo que supondría una de las giras pop más largas y exhaustivas de la historia.

En las diferentes etapas de la gira Up All Night,

había habido ocho teloneros distintos. Eran en su mayor parte artistas prometedores, algunos de ellos seleccionados expresamente por la banda tras descubrir sus canciones en YouTube o haber sido recomendados por gente del equipo directivo. Para la gira Take Me Home se buscaba una banda nueva e ilusionante que les acompañara en la mayoría de los conciertos, y 5 Seconds of Summer era la opción ideal. Lo explicaba Niall Horan, de 1D: «Descubrimos a 5SOS en YouTube el año pasado, y enseguida vimos que eran algo especial. Nos hace mucha ilusión que vengan con nosotros, y estamos seguros de que a nuestros fans les ENCANTARÁ lo que hacen estos chicos.»

Aunque la oferta a 5 Seconds superaba todas las expectativas imaginadas, había que discutir muchas cosas y tomar decisiones importantes... y había que hacerlo deprisa.

Desde el momento en que se propuso la gira, todos los involucrados en la carrera de 5 Seconds comprendieron que esto les daría la posibilidad de actuar ante millones de personas que probablemente no había escuchado antes su música, exposición valiosísima para cualquier banda que quisiera abrirse camino. Al principio, la única preocupación de los chicos era si el público de One Direction entendería y aceptaría la música de 5 Seconds of Summer. Al fin y al cabo, 1D tocaba pop puro, y el pop-punk guitarrero de 5SOS quizá estuviera un paso más allá del seguidor medio de One Direction. Tal como señaló a la revista *Billboard* Steve Barnett, responsable americano de Capitol, la futura marca de los chicos, «la condición de telonero en una gira importante no te garantiza que la audiencia de la primera figura te acepte también a ti». Luke era muy consciente del difícil malabarismo que se esperaba de ellos; así se lo contaba al periódico *The Sun*: «Pensábamos que [One Direction] eran muy guays, pero los considerábamos una banda de pop, y nosotros no queríamos ser eso.» Luego lo aclaró: «Como admirábamos a gente como Blink-182 o Green Day, teníamos la impresión de que iba a resultarnos un poco extraño, y no sabíamos qué hacer.» Diferenciar entre la banda que esperabas que compartiera el escenario con One Direction y la que lo compartía realmente era peliagudo, pero, como señalaba Ashton, no tenía por qué ser tan blanco o negro. «La gente se confunde porque somos jóvenes, y nuestra base de fans es sobre todo femenina. Pero a Fall Out Boy les pasaba lo mismo. Y Pete Wentz fue el Justin Bieber de 2007. A las chicas les encantaba, estaban obsesionadas con él.»

Sopesando la situación, quienes rodeaban a los chicos sabían que la oportunidad era demasiado buena para desperdiciarla, y unos cuantos encuentros informales con One Direction tranquilizaron a los chicos. Como confirmaría Luke, congeniaron en cuanto estuvieron todos juntos en una habitación: «Los conocimos y pensamos que eran formidables.» Toda crítica en el sentido de que los chicos estaban «claudicando» fue rápidamente resuelta por Michael, que declaró: «Pregunta a cualquier banda de bar si de repente le gustaría volar en primera clase y alojarse en hoteles bonitos. Te garantizo que todo el mundo diría "¡sí, claro!".»

Daba la impresión de ser una descripción precisa de la vida que llevarían los chicos durante algún tiempo. Cuando en febrero de 2013 se anunció por fin su papel de teloneros, los muchachos de 5SOS ya llevaban más de dos meses lejos de sus familias. Durante un breve descanso en las grabaciones, por Navidad, solo Luke había volado a Sídney, mientras Michael se quedaba en Londres y Ashton acompañaba a Calum a Escocia, pues este quería conectar con sus raíces escocesas. Con una gira de más de cien conciertos a la vista, los chicos sabían que estarían en la carretera casi nueve meses más y que contarían con apenas unas breves pausas para volar a Australia, por lo que durante el año siguiente no iban a ver mucho a sus familiares y amigos. Iba a ser un gran sacrificio, pero eran conscientes de que lo que les ayudaría a superarlo sería el hecho de poder contar unos con otros y el apoyo de sus miles de seguidores leales, la familia 5SOS.

La decisión de ir a la gira también significaba posponer toda intención seria de terminar su álbum en un futuro inmediato. Estar viajando y sometidos a un calendario tan agotador significaba que tendrían escasas oportunidades para concentrarse en la composición y la grabación del resto del material que debían incluir. Una opción era pulir los temas que ya tenían, añadir algunas versiones, y sacar el disco al mercado mientras mantuvieran un perfil alto durante la gira, pero este no era el álbum con el que soñaban. Querían tomarse su tiempo y asegurarse de que cada canción fuera algo de lo que pudieran sentirse orgullosos, y, lo que es más importante, querían crear por sí mismos: 5 Seconds no tenía intención alguna de grabar a toda prisa un puñado de canciones de otros. Aunque respetaban el trabajo de algunos de los artistas pop más tradicionales, no querían estar demasiado vinculados a este género musical ni dar la imagen de que querían hacer dinero fácil aprovechando su momento bajo los focos, mejor dicho, bajo los focos de One Direction. Ashton lo contó más adelante a *USA Today*: «De hecho, no nos dimos cuenta de que éramos una banda de chicos hasta que la gente comenzó a llamarnos así. Lo entiendo; y no nos importa cómo nos llamen siempre y cuando estemos haciendo la música que nos gusta.» Fue este compromiso de mantenerse fieles a su sonido propio y único lo que había entusiasmado de entrada a los chicos de 1D, y hacer una gira junto a una verdadera banda de chicos quizás ayudara a la gente a entender la diferencia.

La posibilidad de que el público de One Direction se sintiera atraído por lo que estaba haciendo 5 Seconds era demasiado atractiva para dejarla pasar. Lo explicaron en *60 Minutes*: «Que nos hayan llevado con ellos a la gira nos ha brindado la oportunidad de mostrar a su audiencia un lado más rockero del pop.» Ashton se extendió en lo que él y sus compañeros de banda pensaban de sí mismos: «No somos una banda de chicos... somos una banda. No queremos que nos llamen "los siguientes One Direction". No somos esto.» Luke se esmeró en señalar que la participación en la gira de 1D no alteraría su sonido, reafirmando su determinación a permanecer fieles a sus raíces. «Muchas bandas tienen que cambiar su sonido, pero nosotros somos exactamente la banda que queremos ser: una banda pop, desde luego, pero con un tono rock y punk... No pretendemos ser lo que no somos. No somos los nuevos "lo que sea". Somos los primeros 5 Seconds of Summer.» Y ahondó en la cuestión en el *Sydney Morning Herald*: «En Australia, la gente ya nos llamaba "los nuevos One Direction", pero en el fondo consideramos que somos muy distintos de ellos... Tocamos guitarras. Somos más rockeros. Pero creímos que si nos colocábamos unos junto a otros, esto mostraría realmente a la gente lo diferentes que somos.»

Aunque ciertamente los chicos tuvieron mucho tiempo para asumir lo que les traería el resto de 2013 —al parecer, la idea de la gira de 1D era un hecho desde hacía meses, solo quedaban algunos detalles que resolver—, la realidad de actuar en los inminentes conciertos era algo completamente distinto. Calum lo explicó a la revista *Seventeen*: «No creo que podamos prepararnos de veras para esto. Tenemos bastante miedo, pero creo que de momento disimulamos.» Michael estuvo de acuerdo al punto: «Todavía no hemos asimilado nada de todo esto; es surrealista pensar que estamos en el mismo cartel que una banda de tanto prestigio mundial.» E ilustraba lo rápido que se movía todo con estas palabras: «Ahora miro mi calendario en el iPhone y pone una y otra vez hacer lo habitual, ¡cuatro espectáculos en el O_2 Arena en dos días! Es de locos.» Ashton estaba igualmente anonadado por la perspectiva de ir de gira con sus mentores de 1D; así lo explicaba en *The Late Late Show*, de Irlanda: «[One Direction] nos ha ofrecido la mejor oportunidad de nuestra vida, ¿entiendes?... ¡Si nosotros venimos de un garaje de Sídney!»

A medida que se avecinaban los primeros conciertos y los chicos iban ordenando sus ideas, Calum habló online con Fuse: «Supongo que no es posible ensayar de verdad para tocar en estadios. Te tiran a la parte honda de la piscina, y has de apañarte. Estamos preparándonos mentalmente para lo que está a punto de pasar.» Pronto concluyeron los preparativos, y llegó el día en que los chicos estuvieron listos para su primer concierto con One Direction.

Las proporciones de la gira eran alucinantes; el primer espectáculo tendría lugar en el O_2 Arena de Londres, donde actuarían ante casi 20.000 fans vociferantes. Aun siendo cierto que la mayoría de estas personas habrían ido allí a ver a One Direction, los chicos de 5 Seconds of Summer estaban resueltos a causar una buena primera impresión. Ashton lo contó después en la página web de la OCC: «Nuestro primer concierto con 1D fue muy especial... pasamos de tocar en un garaje a tocar en un estadio; ¡una locura!» Siguiendo con la cuestión en una entrevista para la página web de HMV, dijo: «La primera vez que tocamos con ellos, nosotros habríamos dado unos veinte conciertos, y de repente estábamos tocando en estadios y delante de miles de personas. Pasamos literalmente de actuar ante una docena de personas en el pub a eso... En un momento dado alcé la vista y vi a 18.000 personas, todas implicadas a tope, algo bárbaro.» Calum confirmó hasta qué punto aquello era todo un trauma: «Creo que no me moví del sitio en todo el rato, estaba allí paralizado.» Michael hablaba en nombre de toda la banda cuando decía que «si hace dos años nos hubieran dicho dónde íbamos a estar ahora, no nos lo habríamos creído».

Fue una curva de aprendizaje muy pronunciada, pero desde luego la banda estaba haciendo muchos amigos nuevos cuando subía al escenario cada noche ante miles de fans de One Direction. Aunque los chicos nunca dieron menos del cien por cien, eran plenamente conscientes de que quizá no estaban tocando para una multitud que entendía exactamente lo que pretendía 5 Seconds of Summer. Ashton hacía hincapié en que los chicos comprendían que eran los teloneros y que estaban haciendo un trabajo: «No hemos de olvidar que estamos aquí con el fin de animar a los asistentes para las estrellas, que las entradas al estadio se han agotado por ellos.» Pese a su posición en el cartel, Luke, Michael, Calum y Ashton se soltaron, subieron el nivel de energía y ofrecieron a la multitud un espectáculo para recordar. 5 Seconds of Summer tenía la misión de convertir a los fans de One Direction a invitarles a cambiarse de chaqueta y unirse a la creciente familia 5SOS.

CAPÍTULO NUEVE

LLÉVANOS A CASA

Qué locura, jamás me habría imaginado que estaría tan lejos de casa con la banda.

ASHTON IRWIN (@ASHTON5SOS), TWITTER

La gira Take Me Home —Llévame a Casa— mandaría a 5SOS por el mundo entero; Calum se lo explicó a *Billboard*: «Algunos de estos países ni siquiera sabíamos que existían.» Con más de cien conciertos en los que actuar antes de finales de octubre de 2013, el calendario prometía ser difícil. Las giras de estas dimensiones han de funcionar como un mecanismo de relojería —con centenares de personas y camiones de material viajando cientos de kilómetros de una ciudad a otra cada varios días— y, por tanto, los chicos tenían un horario meticulosamente establecido que debían seguir al pie de la letra. Sabían dónde tenían que estar en cada momento; el resto de los días y el tiempo que quedaba de la gira estaban programados al segundo. Su rutina semanal típica acabó consistiendo en dos o tres noches de actuación, seguidas de un día libre —que por lo general se dedicaba a viajar al siguiente país o ciudad— y otras dos o tres noches consecutivas en el escenario. No obstante, a pesar de la tremenda tensión física a la que estaban sometidos, puede decirse con certeza que los chicos estaban pasándoselo mejor que nunca, acometiendo los espectáculos con renovado entusiasmo en cada ocasión. Menos mal que sus esfuerzos eran debidamente recompensados, y la acogida que recibían distaba de las tímidas y poco entusiastas ovaciones y los apagados aplausos dedicados a algunos teloneros, sobre todo si daba la casualidad de que la principal atracción era One Direction.

En una entrevista con la página web de *Alter the Press!*, Luke esbozó el espectáculo que pretendían crear con su directo: «Va a ser de veras guitarrero, con mucha energía... Nos gusta que nuestros conciertos tengan un claro ambiente de fiesta... Queremos que sea una experiencia increíble... queremos un espectáculo en el que los seguidores se impliquen.» Resueltos a demostrar que merecían su sitio en la gira, querían regalar a los miles de fans de 1D un espectáculo memorable. Con los niveles de energía disparados, no es de extrañar que los chicos sudaran cada noche de lo lindo. Ashton se lo contó a *AwesomenessTV*: «Normalmente corto una camisa... No sé por qué, es que

Luke, Michael, Ashton y Calum
comienzan el viaje que cambiará sus
vidas: ha nacido 5 Seconds of Summer.

No les llevó mucho tiempo conseguir una legión de fans, gracias en parte a su activa presencia en las redes sociales y a su intensa relación con ellos.

Por duro que trabajen, los chicos necesitan un descanso. *(izq.)* Calum y Ashton pasean por los muelles antes de un concierto, en junio de 2013; *(abajo)* Luke y Calum se dan un garbeo por Sunset Boulevard, Los Ángeles, en enero de 2014.

(Arriba, de izq. a der.) Luke, Michael, Ashton y Calum asisten emocionados a su primera gala de los BRIT Awards en febrero de 2014.

(Abajo) Pronto recibieron tratamiento de estrellas al posar para los fotógrafos en los Billboard Music Awards, en Las Vegas, mayo de 2014.

Visitando los medios: *(arriba)* intervención en un show radiofónico en París, abril de 2014; *(abajo)* codeándose con celebridades: con Kate Hudson en los estudios de Sirius XM de Nueva York..

En acción: 5SOS dando lo mejor de sí ante sus entregados fans.

Héroes para sus fans, ahora superhéroes en la vida real, como lo han demostrado en Londres en la promoción de su primer álbum, en julio de 2014.

Mucho más que cinco segundos: la banda ha tenido un ascenso meteórico, y esto solo ha sido el comienzo.

en el escenario me gusta la mínima ropa porque sudo de verdad. Así que corto algo para hacerlo más pequeño.» ¿Mínima ropa en el escenario? ¡Teníamos ahora un concepto que los 20.000 asistentes podían respaldar de veras! Queda claro por qué la respuesta recibida bordeaba el éxtasis.

Al igual que muchas bandas rockeras que se pasaban días y días viajando de una ciudad a otra, 5 Seconds of Summer empezó a crear sus propias rutinas previas a los conciertos. Con todo, se quedaban lejos de las travesuras escandalosas, o cuando menos poco respetables, de ciertos grupos rockeros descontrolados. Ashton lo contaba a *60 Minutes* de Australia: «Solo salimos a pasar el rato. Es importante que el camerino esté más o menos tranquilo.» Según Calum, «nuestro ritual previo al espectáculo consiste básicamente en escuchar mucha música. No sé, desde un poco de Slipknot hasta un poco de Katy Perry... Depende del estado de ánimo». Michael se apresuró a añadir que, aparte de «escuchar heavy metal», lo más raro que hacían juntos los chicos tenía muy poco que ver con el rock and roll: «Al final solo nos cepillamos los dientes.»

Mientras el circo Take Me Home recorría el Reino Unido a lo largo y a lo ancho, los chicos de 5SOS querían entender cada noche como una lección sobre cómo atraer (y mantener) la atención de una audiencia en un estadio, y con gran entusiasmo observaron y aprendieron de todo lo que pasaba a su alrededor. Les habían dado la excepcional oportunidad de echar un vistazo tras la cortina y ver cómo se montaba un espectáculo de estas dimensiones, y aunque quizá esto acabó con parte de la magia implicada, fueron testigos directos de lo que hace falta para ofrecer estos vigorizados niveles de actuación y puesta en escena. Al mismo tiempo, asimilaban, de sus considerablemente más expertos compañeros de gira, cantidad de consejos sobre cómo sobrevivir en la carretera. Era un estilo de vida totalmente distinto de lo que se habían encontrado hasta el momento. Ya habían hecho giras antes, desde luego, si bien a una escala mucho menor. Las distancias recorridas y el incesante impulso hacia delante propios de una gira de esta magnitud eran algo prácticamente insondable para los chavales de 5SOS, y los conciertos de otro tiempo, en comparación, parecían insignificantes.

Por suerte, estaban en buenas manos, y los de One Direction siempre estaban dispuestos a apoyarles y aconsejarles. Calum lo explicaba a *Seventeen*: «Aprender de los chicos a hacer una gira nos cambió realmente la vida.» Y Ashton tuvo interés en revelar a *USA Today* lo mucho que había aumentado su respeto por los chicos de 1D a lo largo de esas primeras semanas: «Ya solo ver el modo en que manejaban la vida cotidiana como One Direction era chulo de ver... Los muchachos trabajan de verdad, y no creo que la gente de fuera se haga una idea exacta de la presión que soportan.» Luke corroboró las palabras de Ashton: «Creo que nos fijamos en su forma de trabajar y su ética del trabajo... Se lo toman muy en serio, pero, al mismo tiempo, en los viajes se divierten con todo lo que hacen.»

De todos modos, para ciertas diversiones había una barrera. «[En la gira] no se hacen demasiadas travesuras... hay guardas jurados que dan miedo. Nosotros evitamos a los guardas jurados todo lo que podemos», explicó Calum. Sin embargo, no podían impedir todas las bromas que hacían los chicos: «Por lo general, nos arrojamos mucha fruta, pero... los de One Direction son tíos divertidos de veras. Su sentido del humor se parece al nuestro.»

Pronto los cuatro comenzaron a relajarse, y cada experiencia nueva ayudaba a transformar el enfoque de los conciertos en directo de la banda. «Creo que esto desarrolló realmente nuestro sonido», declaró Ashton a HMV, «tocar en estadios como aquel nos hizo mejores como banda en directo.» Michael confesó que se habían visto forzados a perfeccionar buena parte de su estilo para llenar los inmensos espacios en los que actuaban ahora: «Incluso el modo de moverte, has de exagerar todo lo que haces, para que la gente de la parte de atrás de estos enormes espacios sienta la misma energía que la de delante... En vivo, por lo general nuestras canciones son algo más desnudas, reducidas a batería, guitarras, bajo y voces.» Luke explicó que los conciertos de estas proporciones habían planteado problemas nuevos: «Piensas en todo. "¿Cómo puedo hacer que este riff de guitarra o esta batería suene de veras descomunal en el estadio?"»

En la carretera, lejos de casa y continuamente de

viaje, la vida puede ser difícil, pero los chicos absorbían fortaleza unos de otros. «A veces», manifestaba Michael, «cuando tenemos un autobús de gira, es como nuestra pequeña casa. Pero aparte de esto, siempre estamos juntos. El hogar está donde está la banda.» Era duro, pero todo el grupo estaba disfrutando enormemente de la experiencia. «Para un músico, lo más fantástico del mundo es que haya gente mirándote mientras estás haciendo lo que más te gusta... No hay sensación mejor», confesó Ashton a *60 Minutes*. Calum confirmó el parecer de su compañero: «Lo mejor es cuando miro y veo a Luke y pienso "vaya, te recuerdo en la sala de música, improvisando con la guitarra". Es sobrecogedor.» Esos caóticos ensayos y actuaciones ante un puñado de fans superleales enseguida fueron un recuerdo lejano; 5 Seconds of Summer estaba transformándose en una consumada y fascinante banda en directo.

La fase británica de la gira finalizó a mediados de abril, cuando estaba previsto que los chicos disfrutasen de un merecidísimo descanso de seis semanas. A modo de celebración, organizaron un pequeño concierto acústico en Londres. La de la sala Barfly sería para la banda una actuación de referencia, pues sería la primera vez que los chicos tocaban como cabeza de cartel fuera de Australia y Nueva Zelanda. Como cabía esperar, la demanda de entradas superó en mucho la limitada capacidad de 200 personas del recinto, lo que significó que la sala pronto se convirtió en el lugar más enrollado de la ciudad. Siendo tal el interés en la banda, organizaron una actuación similar en el Ruby Lounge de Manchester, que se celebraría un par de días después de que hubieran participado en su último concierto, al menos de momento, con los chicos de 1D. Ambas actuaciones fueron un éxito tremendo. Después, los muchachos colgaron un mensaje muy especial dirigido a sus seguidores: «¡Hoy hemos dado nuestro primer concierto fuera de Australia! ¡Solo queremos daros las gracias por vuestro apoyo! Hoy es un día especial para nosotros... ¡Os queremos!»

La gira Take Me Home, por la Europa continental durante mayo y principios de junio, iba a proseguir sin ellos. Se había contratado a otra artista, Camryn, para que actuase en los conciertos europeos tras haber sido telonera en la gira Up All Night del año anterior.

Estas semanas sin gira fueron para Luke, Michael, Calum y Ashton un grato respiro de la vida en la carretera, pero desde luego no era algo que pudieran considerar tiempo libre. Espoleados por el éxito de esos conciertos como cabezas de cartel, los chicos anunciaron otra actuación en solitario en Londres, esta vez en la O$_2$ Islington Academy, una sala mucho más grande con capacidad para más de 800 personas. La invitación colgada por la banda en la página de Facebook decía así: «Estos espectáculos van a ser totalmente épicos, y nos morimos de ganas de salir, divertirnos y enloquecer con todo el mundo», y resultó ser demasiado tentador para que los fans lo pasaran por alto. Sin embargo, de nuevo la demanda sobrepasó en mucho el número de entradas disponibles, que se agotaron en menos de dos minutos. A fin de satisfacer hasta cierto punto las solicitudes, se hicieron dos conciertos más, otro en la Islington Academy y un tercero en la O₂ Academy 2 de Birmingham. En cuestión de minutos se agotaron las entradas de los dos.

Además de dar unos cuantos conciertos en solitario, los chicos continuaron componiendo y grabando canciones para el álbum. Fue en este período cuando completaron el tema «Try Hard», que Calum y Luke habían escrito junto con Richard Stannard, Seton Daunt, Ash Daunt, Ash Howes y Tom Fletcher, de McFly. Incluso encontraron tiempo para hacer una escapada de un día a la ciudad costera de Blackpool, en la costa noroeste de Inglaterra. Pretendían filmar el vídeo para la canción en las montañas rusas y los tiovivos del famoso Pleasure Beach, así como disfrutar de los otros entretenimientos de uno de los parques de atracciones más populares del Reino Unido. Los chicos colgaron lo siguiente: «Filmar esto fue muy divertido. La segunda vez que estábamos en un parque temático, y ya lo cerraban para nosotros. DE LOCOSSS.» Los chicos disfrutarían de privacidad en su propio parque de atracciones mientras durase la filmación, y pasarían varias horas sincronizando labios para el tema en algunos de los paseos en montaña rusa más grandes y rápidos de Gran Bretaña. Muy distinto de sus vídeos caseros, para alguno de los chicos no fue el rodaje más fácil... ¡en algunas escenas, Michael parecía especialmente intranquilo!

A mediados de mayo, teniendo en el saco los primeros treinta y seis conciertos de la gira de One Direction, un puñado de espectáculos en solitario en el Reino Unido con todo vendido y un montón de canciones recién compuestas y grabadas, ya era hora de que Luke, Michael, Calum y Ashton regresaran a Australia. En Facebook dedicaron una cariñosa despedida a sus fans británicos: «¡Hemos tenido la gran suerte de haber sido magníficamente bien acogidos, aquí en el Reino Unido e Irlanda, por todos los que nos han descubierto y apoyado! ¡Sois unos seguidores entregados y no podemos pediros más, estáis consiguiendo que nuestros sueños se hagan realidad más deprisa de lo que habíamos imaginado! ¡Gracias! ¡Hasta pronto! Os querremos siempre.»

Quedaba claro el efecto que la exposición adicional estaba teniendo en la imagen de la banda, pues el vídeo «Heartbreak Girl» llegó a recibir en YouTube un millón de visitas, y la página oficial de Facebook de los chicos superó los 150.000 «me gusta». Su apuesta por One Direction había merecido la pena. Con renovada confianza y sintiéndose orgullosos en el verdadero sentido de la palabra, los muchachos se iban a casa, ardiendo en deseos de reconectar con la familia y los amigos tras tanto tiempo fuera. Había también en preparación algo para los fans más leales. A cambio del recibimiento a los héroes que sin duda iba a producirse, la banda tenía un regalo especial de vuelta a casa para la familia 5SOS.

CAPÍTULO DIEZ

REGRESO A CASA

> Es chulo estar en casa. No habríamos ido a ninguna parte sin nuestros fans de Sídney o nuestros fans de Australia. Estas doce personas que asistieron al primer concierto que dimos... por ellos estamos aquí ahora.
>
> LUKE HEMMINGS,
> *DAILY TELEGRAPH* DE AUSTRALIA

Los chicos anunciaron que darían un concierto muy especial en la Oxford Art Factory de Sídney el 21 de mayo de 2013, poco después de su regreso a Australia. La sala ocupaba un lugar importante en el corazón de los chicos, pues era uno de los primeros recintos de su ciudad en los que habían actuado tras comprometerse de lleno con la banda y salir a la carretera. Lo consideraron un agradecimiento sincero a sus primeros seguidores locales: sin duda sería un alivio tocar ante una multitud relativamente pequeña de 500 caras amigas y no ante las decenas de miles de vociferantes fans que se habían encontrado cada noche en la gira de One Direction.

Como si el espectáculo de la Art Factory no bastara, pocas horas después de aterrizar, los chicos revelaron que en junio iniciarían una serie de conciertos australianos como cabezas de cartel, todo ello bajo el atrevido nombre de Pants Down Tour [gira Pantalones Abajo]. En su página de Facebook escribieron lo siguiente: «Nos entusiasma estar de nuevo en casa... os echábamos muchísimo de menos... y mientras estemos aquí queremos veros a todos cuantos sea posible. ¡Tenemos una noticia bomba! Vamos a hacer una gira por Australia que empieza la semana que viene... va a ser fantástico.» Desde luego los chicos no querían desperdiciar ni un momento del descanso de sus obligaciones con Take Me Home, y se proponían ofrecer a sus seguidores australianos un anticipo de lo que podrían esperar de su actuación cuando la gira de 1D llegara por fin a sus ciudades en cuestión de apenas unos meses.

El concierto en la Oxford Art Factory con todo vendido fue de veras algo memorable para los chicos de 5SOS. Sus fans australianos incondicionales habían esperado mucho tiempo para volver a verlos —había pasado casi un año desde su último concierto en solitario en su país—, y la banda estaba resuelta a demostrar que aquella paciencia no había sido en vano. Ashton tenía especiales ganas de subir al escenario y mostrar a todos lo que se habían estado perdiendo; un par de días antes de comenzar la gira Pants Down había colgado esto: «En casa estaba muy aburrido esta noche, y me he dado cuenta de que lo único que hago bien es actuar para vosotros, chicos.» La banda sabía que en este marco relativamente relajado tenía la oportunidad de lucir parte del material nuevo en el que se habían esforzado tanto amén de permitir a todo el mundo ver la mejora de sus destrezas como músicos e intérpretes. Al parecer, nadie se sintió decepcionado por la actuación de esa noche, que resultó ser el soñado regreso al hogar que los chicos habían soñado durante todo ese tiempo lejos de Sídney.

Impacientes por mantener el impulso, los chicos colgaron «Try Hard» el 1 de junio de 2013, y estrenaron el vídeo que habían grabado el mes anterior en el Pleasure Beach de Blackpool, en el Reino Unido. El tema y el vídeo acabarían estando entre los favoritos de los fans: en el momento de escribir esto ha habido casi 13,5 millones de visitas en YouTube y, tras un período en que se pudo descargar gratis, en 2014 la canción ha salido por fin oficialmente al mercado como parte del EP *Don't Stop*.

Faltando solo dos semanas para salir disparados a reunirse con One Direction en la etapa estadounidense de la gira Take Me Home, los chicos de 5SOS se prepararon para la suya propia. Esto sería para ellos otro hito, pues no solo actuarían por primera vez en Perth, capital del estado de Australia Occidental, sino que, como primeras figuras, también lo harían ante el mayor número de asistentes hasta la fecha, pues cada local de la gira Pants Down tenía cabida para más de 1.000 personas.

La gira fue para 5 Seconds of Summer otro éxito rotundo. La banda fue recibida en todos los aeropuertos por centenares de seguidores chillones, y cada espectáculo parecía mejor y más logrado que el anterior. Los muchachos estaban resueltos a desinhibirse del todo y a que el ambiente de fiesta prometido fuera omnipresente en cada concierto.

Cuando la gira tocó a su fin, los chicos ya tenían América en la cabeza. Sería su primer viaje a EE.UU., y se morían de ganas de conocer a sus seguidores de allí. En sus páginas de las redes sociales iniciaron un hashtag «5SOS vs. Comida» y colgaron esto: «¡En menos de una semana volamos a EE.UU.! Ilusionadísimos. Primera parada, FLORIDA. ¿Qué hemos de hacer cuando lleguemos? Mandadnos sugerencias a #5SOSVSCOMIDA.» Tras provocar una riada de consejos e imágenes de sus admiradores de todo el mundo, desde luego los chicos no se quedaron sin ideas sobre qué comer en esta etapa de la gira: ¡Quizá llegaron a olvidarse de lo mucho que echaban de menos Nando's!

Con los menús resueltos, Luke, Calum, Michael y Ashton colgaron lo siguiente: «Tenemos muchísimas ganas de volver a la gira TMH! Hasta luego, EE.UU.» Estaban listos para su próxima gran aventura. Los muchachos de 5 Seconds of Summer iban a vivir su propio sueño americano.

CAPÍTULO ONCE

SUEÑO AMERICANO

El cielo es el límite, supongo. Ya hemos alcanzado todos los objetivos que nos habíamos propuesto.

MICHAEL CLIFFORD,
AUSTRALIA'S 60 MINUTES

Todas las bandas sueñan con triunfar en Estados Unidos. Como cuna del rock and roll en la década de 1950, el país reivindica su lugar en la historia de la música y desde entonces ha mantenido su estatus como uno de los principales centros de creatividad e innovación musical. Desde artistas en solitario icónicos como Elvis Presley, Frank Sinatra, Madonna o Michael Jackson hasta bandas legendarias como Fleetwood Mac, los Eagles, los Beach Boys o Nirvana, América ha sido la tierra de algunos de los artistas más influyentes y brillantes del mundo. Por tanto, en la intria musical internacional, lograr el reconocimiento en EE.UU. aún se considera el pináculo del éxito.

Muchos artistas y grupos que han conseguido grandes logros en sus respectivos países han fracasado en América. Robbie Williams, posiblemente el artista masculino más importante del Reino Unido, que en Gran Bretaña y el resto de Europa suele llenar estadios y vender millones de álbumes, en EE.UU. ha tenido dificultades para cobrar impulso. Del mismo modo, uno de los grupos femeninos de más éxito en el Reino Unido, Girls Aloud, que ha conseguido meter la notable cifra de veinte singles consecutivos en el Top 10 y ha sacado cinco álbumes multiplatino, tampoco ha logrado dejar huella.

El hecho de que algunos de los artistas más respetados y esforzados del Reino Unido hayan fracasado en su intento de conquistar América hace que el éxito de One Direction sea aún más extraordinario. La propagación de la fiebre de 1D mediante un ejército de admiradores americanos proporcionó a los chicos tres álbumes número uno en EE.UU. en menos de dos años y caldeó el ambiente lo suficiente para garantizar que la primera gira mundial, en 2012, generara una cantidad aproximada de 60 millones de dólares solo por la venta de entradas. En cuanto a la publicidad, teniendo en cuenta que la gira Take Me Home de 1D constaba de más del doble de conciertos que la anterior, la potencial recompensa para 5 Seconds of Summer era incuantificable. Causar sensación en su primera actuación en EE.UU. no garantizaría el éxito, pero sería una buena base desde la que empezar a trabajar.

Encontrar un público americano para su marca de pop-punk heavy guitarrero no sería necesariamente fácil. Aunque los americanos han sido leales a la tradicional banda de chicos, convirtiendo a los Backstreet Boys, *NSYNC y, en efecto, One Direction en nombres domésticos, últimamente estaban mostrándose bastante reacios ante las bandas que tocaban sus propios instrumentos. Los equivalentes de 5 Seconds of Summer del Reino Unido, Busted y McFly, no había conseguido ningún éxito duradero al otro lado del Atlántico, y los grupos americanos más parecidos en encontrar eco en su propio país habían sido Hanson y los Jonas Brothers. 5 Seconds debería salir al escenario cada noche y demostrar su valía, tampoco sería la primera vez. Animados por la calurosísima respuesta ante sus recientes conciertos australianos en solitario, era innegable que estaban más que preparados para el desafío.

El primer espectáculo de la gira, en el BB&T Center de Sunrise, Florida, fue sin duda un bautismo de fuego pues tocaron en un espacio abarrotado por más de 20.000 fans, pero los chicos suscitaron una fortísima reacción, lo que les llevó a colgar esto en Facebook: «¡Fue INCREÍBLE! Lo pasamos de maravilla, gracias.» Al pasar por los estados del sur y luego por Washington, Filadelfia y Massachusetts, anunciaron que planeaban una serie de conciertos acústicos como cabeza de cartel, siendo posible encontrarse luego con los miembros de la banda. Aparte de sus programados compromisos de apoyo a One Direction, harían actuaciones en solitario en varias ciudades clave a lo largo de la ruta de la gira. Escribieron esto online: «QUEREMOS HACER CONCIERTOS ACÚSTICOS en todas partes donde podamos mientras estemos en la gira Take Me Home por EE.UU. ¿Qué os parece?» Su primer espectáculo en solitario en EE.UU. tendría lugar el 17 de junio en The Studio at Webster Hall, en Nueva York, y las entradas se agotaron a las tres horas de haberse puesto a la venta. La respuesta a la pregunta de los chicos era inequívoca.

Organizaron otros conciertos acústicos en Boston, Chicago, Los Ángeles, así como en la Toronto Opera House, su única actuación en Canadá. Tras cada recital, los chicos dedicaban tiempo a colgar centenares de fotos de recepciones en la página web oficial de 5 Seconds of Summer y en las redes sociales, pues siempre mantenían a sus nuevos fans lo más conectados posible con la familia 5SOS. Para ilustrar mejor precisamente lo mucho que estaba creciendo la familia, en su página web figuraba ahora un mapa en el que los seguidores podían colgar sus fotos y establecer su ubicación mediante el hashtag #5SOS360. En poco tiempo hubo indicadores que cubrían todos los rincones del globo.

En el momento en que «Heartbreak Girl» estaba a punto de llegar a los tres millones de visitas en YouTube y «Try Hard» superaba el millón, los chicos dieron su mayor concierto hasta la fecha, ante 30.000

fans en el Hersheypark Stadium de Pensilvania. Y si este espectáculo demostró algo, fue que 5SOS podía entretener a un público masivo igual que sus compañeros de gira e iba camino de convertirse en un verdadero fenómeno, con una legión de admiradores sin nada que envidiar a la de One Direction.

La primera etapa de la gira, y el posterior período de los chicos de nuevo en Australia, los había preparado para cualquier cosa que las audiencias americanas pudieran lanzarles, si bien no esperaban tener que interpretar esto de forma tan literal. Luke lo explicó al periódico *The Sun*: «Nos tiraban tetas de plástico. Es difícil de explicar... Creo que yo las devolvía a la multitud.» «Creo que somos bastante buenos esquivando cosas en el escenario», añadía Michael... «Nos lanzaban sujetadores. Una vez, Ashton recibió el impacto de un cubo de Rubik; era como si le pidieran que lo resolviese o algo así.» Parecía que los fans americanos quisieran obligar a los chicos a cumplir su promesa de que cada concierto sería una fiesta que nunca olvidarían y procuraban atraer la atención de la banda por todos los medios, aunque esto supusiera distraerles de la tarea en curso con algún misil bien dirigido.

Aunque, en los conciertos, las travesuras de los seguidores eran bastante estrambóticas, los chicos no experimentaban la misma cantidad de atención que sus compañeros de 1D, que solían sufrir asedios en los hoteles e invasiones de habitaciones. De todos modos, como decía Michael, ya llegaría el momento en que ellos recibiesen la misma clase de atención disparatada de los fans: «Nos han contado historias de otras personas que han entrado en la ducha del hotel y se han encontrado allí una seguidora. Pero esto no nos ha pasado. Aunque me parece que sería divertido, la verdad.»

A medida que avanzaba el verano, aparte de los conciertos programados de la gira Take Me Home, los conciertos acústicos en solitario y las recepciones habituales, los muchachos también procuraban conceder todas las entrevistas que fuera posible a las emisoras de radio locales: paso a paso, pueblo a pueblo, ciudad a ciudad, 5 Seconds of Summer estaba difundiendo su palabra por América.

Los chicos se las ingeniaron para, en uno de sus días libres, visitar el Centro Espacial Johnson de la NASA en Houston, Texas, donde contemplaron la colección de vehículos espaciales y objetos de interés y tuvieron la suerte de conocer a algunos antiguos astronautas. Incluso se les permitió acceder al Centro de Control de Misión. El cerebrito interno de Calum estaba experimentando un grave colapso, sin duda. Al margen de sus incipientes carreras, la creciente fama del grupo desde luego les abría las puertas a nuevos y variados episodios vitales que de otro modo no se habrían producido jamás.

Julio dio paso a agosto, y con el final de la segunda etapa de la gira a la vista, tras su prolongado período con One Direction los chicos comenzaron a pensar en su futuro. Les quedaba todavía la fase australiana de la gira, que se completaría en septiembre y octubre, pero después irían por su cuenta. Anunciaron que darían otro concierto como cabeza de cartel a finales de noviembre en Londres, esta vez en la prestigiosa sala KOKO. De nuevo la demanda de entradas fue tal que se agotaron casi al instante. Se programó un segundo concierto, y pasó exactamente lo mismo.

KOKO es un extravagante teatro de Camden Town. Con su escenario relativamente pequeño, su platea y sus palcos privados, se ha convertido en uno de los recintos musicales más populares de Londres, donde se da acogida a innumerables eventos, desde lanzamientos de artistas a fiestas de álbumes y conciertos únicos de importantes estrellas internacionales. Con capacidad para unas 2.000 personas, tiene el tamaño ideal para llevar a cabo grandes espectáculos en lo que acaba siendo un ambiente íntimo. En 2007, Prince dio en esta sala uno de sus legendarios «conciertos secretos», y un par de años antes Madonna y Coldplay armaron cierto revuelo cuando decidieron usar la sala KOKO como emplazamiento de los actos de lanzamiento de sus nuevos álbumes, *Confessions on a Dancefloor* y *X&Y*, respectivamente. Para 5SOS, estas actuaciones de perfil alto, con diversos medios presentes, señalarían el triunfante regreso de la banda a su hogar adoptivo en Londres y serían el punto de arranque de la siguiente fase importante de su carrera.

Tras abandonar el escenario del Staples Center de Los Ángeles, California, el 10 de agosto de 2013, llegó la hora de despedirse de One Direction, al menos de momento, y colgaron en Facebook un mensaje que decía: «Los chicos de 1D nos han dado una oportunidad especial, increíble y alucinante de mostrar al mundo lo que hacemos. Les estaremos eternamente agradecidos. Haremos que os sintáis orgullosos.» Tras tocar durante la mayor parte del año a la sombra de la enorme maquinaria de 1D, ya era cuestión de que 5 Seconds of Summer funcionara por su cuenta; de todos modos, aún quedaban algunas cosas que hacer, entre ellas firmar un contrato con un sello discográfico y terminar el primer álbum.

Para Luke, Michael, Calum y Ashton, la experiencia de la gira Take Me Home resultó valiosísima en lo referente a su exposición a legiones de fans potenciales así como a su transformación en un grupo con un directo mucho más decente. Habían llegado a ser una unidad mucho más compacta en el escenario y desplegaban una energía y un carisma incomparables. Esto, junto a la creciente madurez del material que estaban componiendo y produciendo, los diferenciaba de prácticamente todas las demás bandas de pop. Sin embargo, si la banda pretendía hacer avances reales en la industria musical internacional y terminar la grabación de su primer álbum y sacarlo al mercado, debería contar con la ayuda (y la capacidad financiera) de una compañía discográfica importante. Solo con la experiencia de un sello destacado y un buen equipo de marketing detrás podría 5 Seconds esperar el lanzamiento internacional que se había ganado. Para 5 Seconds había llegado el momento de firmar su primer contrato de grabación de verdad. Encontrar el sello perfecto que coordinase la salida al mercado de su primer álbum y proporcionara a la banda un hogar para sus producciones futuras era una de las últimas piezas del puzle. No obstante, antes de firmar ningún acuerdo, los chicos debían tomar otra decisión... muy importante.

Los dos ramales separados del equipo directivo de los chicos habían decidido poner fin a su asociación empresarial, lo que brindaba a la banda una oportunidad idónea para reevaluar y reestructurar sus planes de gestión. En un esfuerzo por provocar los menos trastornos posibles y mantener el impulso que ya habían empezado a crear, se pusieron a buscar un nuevo socio que trabajara con los elementos de su organización actual. Un candidato destacaba por encima del resto: Modest! Management. Como equipo directivo que había fichado a One Direction así como a otros finalistas de *X Factor* —como Olly Murs y Rebecca Ferguson—, Modest! era posiblemente el mejor preparado para entender las necesidades de la banda y ayudar a crear su perfil internacional. Aunque pudiera parecer que Modest! era una opción clara y simple, con la experiencia y los recursos apropiados apropiada para llevar a 5 Seconds of Summer adonde quisiera ir, la decisión de firmar ese contrato resultaría ser bastante controvertida.

Hasta ese momento, la banda había sido cogestionada satisfactoriamente por Adam Wilkinson y Wonder Management, de Matt Emsell, arreglo que había permitido a los chicos abrirse camino por el campo minado de la industria musical durante las primeras etapas de su carrera, había organizado sus primeras giras y les había ayudado a desenvolverse cuando salieron por primera vez de viaje con One Direction. Liz, la madre de Luke, lo explicó a *60 Minutes*: «Hasta ahora han tenido bastante apoyo, porque la gente que les rodea es como una familia. Ellos la llaman "la familia de la gira", de modo que están realmente pendientes de ellos y los cuidan.» Wilkinson y Emsell habían sido un equipo muy unido, implicaban a la banda en cualquier decisión empresarial o creativa importante, se comportaban más como padres que como socios, y sin duda tenían en todo momento muy presentes los intereses de los chicos. Sin embargo, Wilkinson había acabado bastante harto de ciertos aspectos del negocio artístico. Así se lo contaba a Music Network: «Me sentía completamente alejado de mi pasión... Entré en la industria musical porque tenía una gran afición a la música y cada vez me metí más en la gestión de artistas y pasaba más tiempo en reuniones y viajando que en conciertos o en el estudio.» Con ganas de volver a un modo de vida más sencillo, Wilkinson había tomado la decisión de dejar su participación en la gestión de 5 Seconds of Summer. Aunque ya no mantiene contactos comerciales con la banda, sigue en contacto con los chicos y procura saber de ellos cuando están en Australia.

Modest! Fue fundada por Richard Griffiths y Harry Magee en 2003. A lo largo de los años, la empresa ha adquirido fama como uno de los mejores equipos de gestión de artistas del sector, y en 2006 firmó un contrato que le concedía derechos exclusivos para fichar a cualquier concursante que superase las actuaciones en directo de *The X Factor* en el Reino Unido. Esto significó el fichaje automático de artistas como JLS, Alexandra Burke, Diana Vickers o Cher Lloyd. Con el tiempo, al parecer la compañía reforzó su control sobre la información relativa a su gestión cotidiana —Modest! sigue sin tener entrada en Wikipedia—, y en la actualidad vigila atentamente el acceso de los medios a sus clientes.

Por lo visto, varios artistas empezaron a sentirse limitados por sus contratos con Modest!, y algunos, entre ellos los finalistas de *X Factor* Rebecca Ferguson y Stacey Solomon, se enzarzaron en costosas batallas legales en su intento de liberarse. El blog de Telly Mix informó de que, en julio de 2012, Ferguson había emprendido contra sus antiguos mánagers un auténtico ataque público en el que afirmaba estar «tan agotada que no podía andar pero aun así me decían que debía trabajar». También se quejaba de que, a su juicio, el equipo directivo la había «acechado» en su cuenta de Twitter para seguir de cerca sus movimientos: «¡[Eran] las mismas personas que me hacían trabajar tanto que me desmoroné y tuve que parar! Necesito ver a mis hijos. Tenéis que darme tiempo libre.»

Cuando los fans de 5SOS oyeron rumores acerca de la posible implicación de Modest!, hubo una reacción a todas luces negativa. Aunque el grupo gestor conserva una buena reputación en muchas partes

—pues sigue dirigiendo la carrera de diversos artistas pop de mucho éxito, como Little Mix, Alison Moyet, Cheryl Cole y, por supuesto, One Direction—, a los seguidores de 5SOS les preocupaba que la mala prensa generada por varios abandonos de la compañía solo confirmase que controlaban a sus artistas y eran poco comprensivos con ellos y, por extensión, con sus seguidores. Teniendo en cuenta que se trataba de una base de fans de lo más leal, creada y cuidada mediante la interacción y el acceso directo, resultaba insoportable la idea de que 5 Seconds of Summer fichara por una compañía que acaso intentara valerse de su influencia para cambiar la banda o limitar el contacto con sus seguidores.

En internet empezaron a aparecer peticiones online en las que se instaba a los fans a hacer constar su desaprobación, y algunos incluso suplicaban a los chicos que no firmaran con Modest! Pronto comenzaron a surgir protestas en las redes sociales así como en diversos sitios de seguidores. El equipo de 5SOS se mostraba obviamente receptivo ante las preocupaciones de sus fans, y Luke ratificó su importancia: «Escuchamos lo que los fans quieren y escuchamos lo que quieren que hagamos. Después respondemos a esto e intentamos resolverlo. Tratamos de que todo el mundo esté contento.»

Los integrantes de la banda, y sus familias, tenían mucho interés en mantener cierto grado de control sobre sus carreras, y al final llegaron a una solución que vino bien a todo el mundo. Encomendaron a Matt

Emsell y al equipo de Wonder Management que continuasen el trabajo iniciado un par de años antes, al tiempo que firmaban un contrato de cogestión con Modest! El acuerdo garantizaba el mantenimiento de la implicación diaria de Emsell con la banda —y su toque más personal—, mientras Modest! ejercía la verdadera influencia industrial que se ocuparía del lanzamiento internacional del grupo. Tras cerrar el trato, ya era hora de que los chicos buscaran compañía discográfica.

Tras sus primeros éxitos en Australia, había habido mucho interés en fichar a la banda. Sin embargo, 5 Seconds había tomado la valiente y un tanto inesperada decisión de «esperar y ver», tomándose el tiempo necesario para tener una idea clara de cómo debían sonar y cuál debía ser su aspecto antes de firmar un contrato que quizá ahogaría su input creativo e influiría en su modo de presentarse ante el mundo. Con su determinación de seguir siendo una banda de guitarras, y componer y grabar su propio material, los chicos estaban encantados de ir por su cuenta mientras pudiesen. Sin la presencia de sello alguno en las primeras fases de creación de su catálogo de canciones, habían conseguido evitar que alguien de fuera impusiera la dirección comercial de su música. Para los miembros de 5 Seconds of Summer estaba claro que no iban a ser nunca una banda «marioneta» —la decisión de seguir siendo independientes y formular su propia identidad como grupo había sido fácil de tomar—, pero encontrar a alguien del negocio musical que entendiera su visión podía resultar bastante más difícil.

Por suerte, los chicos encontraron una compañía que parecía totalmente receptiva al deseo de controlar su destino. Habían decidido depositar su confianza en Capitol Records y su presidente, Steve Barnett. Como explicó Ashton a la página web de la OCC, «no había mucha gente que entendiese la visión de la banda, pero Capitol sí». El fundador de Modest!, Richard Griffiths, ya había llevado a Barnett a ver a 5SOS en uno de los conciertos de Dublín de One Direction al principio de la gira para calibrar su interés, y el segundo había quedado convenientemente impresionado. «Fueron pegadizos desde el mismo instante en que subieron al escenario», dijo a *Billboard*; asimismo reveló que no tardó mucho en decidirse: «Cuando llevábamos un minuto y medio de la primera canción, dije a Richard [Griffiths], "¡nos apuntamos!".»

Antes, como presidente de Columbia Records, Barnett había sido una figura clave en el lanzamiento de One Direction y su posterior éxito en EE.UU. Tras su nombramiento como presidente y consejero delegado del Grupo Capitol Music en 2012, su fama como ejecutivo que entendía la necesidad de libertad creativa de sus artistas fue confirmada por una contratada por Capitol, Katy Perry, que habló con *Hollywood Reporter*: «Es un jefe increíble... Es bueno tener un director que sabe lo que ellos están haciendo.» Aunque Perry es sin duda la artista más importante en la nómina del sello, entre sus fichajes se cuenta también la igualmente poco convencional banda canadiense de rock Arcade Fire. Si había un par de inconformistas que personificaran la necesidad de permitir al artista expresarse plenamente, eran Katy Perry y Arcade Fire. En un período de tantas decisiones importantes, para 5 Seconds se trataba sin duda de algo tranquilizador.

Hogar de artistas icónicos como Frank Sinatra o Nat King Cole en la década de 1950, Capitol cobró fama como uno de los sellos discográficos más prestigiosos del mundo, pero últimamente pasaba una mala época. Cuando la compañía fue adquirida por Universal Records como parte del acuerdo para comprar EMI en 2012, se decidió devolverla a su antiguo esplendor y relanzarla como marca independiente por primera vez en sus setenta años de historia. Lucian Grange, presidente de Universal Music Group, lo explicó al *Hollywood Reporter*: «Cuando adquirimos Capitol, asumimos el compromiso —tanto con la comunidad artística como con la industria— de reactivar este sello antaño fabuloso... Me llena de orgullo ver lo que están haciendo Steve y su equipo... El edificio bulle de actividad.» Todos los involucrados en la gestión de la banda coincidían. Fue en este entorno donde se nutriría, y, en última instancia, florecería la creatividad de Luke, Michael, Calum y Ashton, y donde su sueño de lo que podían lograr juntos acabaría haciéndose realidad.

Un factor clave de esta libertad artística fue el ofrecimiento a la banda de su propia marca bajo el paraguas de Capitol. Esto garantizaba que los chicos tuvieran la última palabra en todas las decisiones concernientes a 5SOS y cualquier posible producción futura. Con su propia marca, retendrían el control sobre cualquier perfeccionamiento en el sonido y la imagen del grupo, y si así lo querían, se les ofrecería la oportunidad de fichar a otras bandas. Con su nuevo equipo directivo en marcha, y tras firmar en noviembre de 2013 con una compañía que estaba plenamente de acuerdo y en sintonía con la idea de la banda sobre su música, los chicos pudieron por fin concentrarse en lo que mejor hacían.

Era tal su resolución para crear el mejor primer álbum posible que, pese a haber almacenado montones de temas mientras componían y grababan en Londres, los muchachos insistían en completar algunos más antes de alcanzar la calidad suficiente para entregar el trabajo que siempre habían soñado hacer. Decidieron que, cuando sus compromisos con la etapa americana de la gira 1D hubieran concluido, se quedarían en Los Ángeles y dedicarían otro mes a componer y grabar. Esta vez tendrían como socios a algunos de los compositores más brillantes de EE.UU.; y además iban a conocer a bastantes de sus héroes musicales y de paso a un puñado de leyendas.

CAPÍTULO DOCE

ESCRIBIR, GRABAR, DORMIR, REPETIR

Es chulo estar en el mundo «pop» en el que estamos ahora, pero vamos a crecer como banda y la gente va a percibirnos de otra manera.

MICHAEL CLIFFORD, *ROCK SOUND*

S i los chicos de 5 Seconds of Summer consideraban que antes habían recibido mucha presión, ahora iban a recibir una especie de llamada de aviso. Con un descanso de los conciertos en directo de solo cuatro o cinco semanas después de que en agosto terminara la segunda etapa de la gira Take Me Home, había mucho trabajo que hacer antes de dejar EE.UU. y reunirse con One Direction en Adelaida, Australia, a finales de septiembre.

157

Luke, Michael, Calum y Ashton se quedarían en L.A., en su propia casa alquilada, con la única finalidad de componer y grabar otra serie de canciones nuevas que añadirían al catálogo de material original que habían acumulado a lo largo del último año o así. Luke explicó a la página web de *Coup De Main* el proceso de colaboración, tan satisfactorio en las sesiones de Londres que tenían intención de proseguirlo en Los Ángeles: «Por lo general, componemos con otras personas y lo hacemos en grupos de dos; por ejemplo, Michael y yo vamos a una sesión de composición, y Calum y Ashton van a otra. Normalmente se nos ocurre una idea o la gente que colabora tiene una idea, y a continuación, partiendo de ahí, intentamos crear un tema.»

En lo que se refiere al contenido de las composiciones, Luke se apresuró a señalar al *Guardian* que todavía eran muy jóvenes y que, al margen de con quién colaborasen, sus canciones reflejarían esto. «No vamos a escribir sobre política. Quizá cuando seamos mayores. Pero sí sobre marginados sociales, chicas y tal.» Hablando de cómo han progresado las cosas de la composición desde sus primeros intentos, Calum explicó esto a HMV: «Cuando comenzamos a trabajar en el álbum, compartimos sesiones con compositores de veras importantes; antes, de hecho solo habíamos escrito cosas en nuestros dormitorios, por lo que nuestra capacidad para escribir ha aumentado realmente.» Entre sus comentarios sobre la evolución del estilo de la banda, añadía: «En realidad, descubrimos cómo queríamos que sonara el álbum a medida que íbamos trabajando. Nuestro sonido ha cambiado mucho más de lo que habíamos imaginado.»

Las sesiones de Londres habían proporcionado a los chicos una visión mucho más clara de su propia dirección musical, de modo que el tiempo pasado con Steve Robson resultó ser especialmente valioso. Con el crédito de haber descubierto la fórmula para Busted y McFly, que mezclaron satisfactoriamente el rock guitarrero más duro con el power pop que tan decisivo sería para el sonido de 5 Seconds of Summer, Robson había logrado resultados innegablemente impresionantes. No obstante, era insoslayable el hecho de que, aun siendo muy populares en el Reino Unido, estos artistas no habían causado apenas impacto en EE.UU., y en el negocio musical las cosas habían avanzado espectacularmente desde el boom del pop-punk de finales de 1990 y principios de 2000. Aunque el pop guitarrero iba algo desfasado con respecto a lo que pasaba a finales de 2013, Nick Raphael, presidente de Capitol Records en el Reino Unido, en una entrevista con *Music Week* remarcaba lo siguiente: «Creo que ningún género desaparece del todo, simplemente pasa de moda, como las zapatillas deportivas.» Tras elogiar la firmeza de los chicos, explicaba que su afinidad con la música rock quizá derivara de vivir en Australia y estar protegidos de modas pasajeras recientes y cambios efímeros en los gustos musicales, y al final daba a entender que «no estaban influidos por las modas y hacían lo que les gustaba. Creo que en esto hay una gran honestidad».

Con el respaldo de Capitol, los chicos mantuvieron su propósito de reflejar en su trabajo las primeras influencias musicales, las bandas inconfundiblemente americanas Good Charlotte, Fall Out Boy o Green Day, e imprimir a las nuevas canciones de 5 Seconds un tono rockero más americano que fusionarían con un giro pop moderno. Ashton esbozó el objetivo al que se dirigían: «Aquí puedes escuchar muchas de nuestras influencias, desde el rock y el punk de los noventa todos nos hemos liado con cosas como Imagine Dragons... En la medida que somos una banda de rock, queremos ser una banda de rock que suene en la radio.» Luke lo resumió a la perfección: «Queremos ser una banda de pop-rock. Queremos estar en los dos lados.» Capitol tenía ganas de ayudar al grupo a satisfacer sus ambiciones musicales. Así lo explicaba Raphael a *Music Week*: «Pedimos a los chicos de la banda que enumerasen diez canciones pop de éxito que les habría gustado grabar... Entonces descubrimos el hilo común y empezamos a acercarnos a la gente.» Al final, un hombre sería crucial para que los chicos llevaran a cabo su proyecto: sus sueños iban a hacerse realidad gracias al veterano productor de rock John Feldmann.

Figura de lo más influyente en la escena rockera de Los Ángeles de finales de los ochenta, John Feldmann había tenido algo que ver en el lanzamiento de la carrera de muchas leyendas futuras de la música rock americana, entre ellas Pearl Jam, Korn, Alice in Chains o Rage Against the Machine. Después de que su banda Goldfinger se separase a finales de la década de 1990, se dedicó a componer y producir. Hasta la fecha, se le atribuye la coautoría o la producción de canciones que han generado unas ganancias superiores a 34 millones de dólares para grupos como Good Charlotte, The Used, All Time Low o Panic! at the Disco, a la vez que artistas pop como Hilary Duff, The Veronicas, Mandy Moore o Kelis han sacado provecho de sus conocimientos y su pericia. Hablando con HMV, Michael explicaba dónde se habían cruzado sus caminos por primera vez: «Vino a uno de nuestros primeros ensayos antes de iniciar la gira con One Direction. Se sentó, miró y al final dijo algo como "sí, esto funcionará, hagamos algo". Entonces, uno de nosotros dijo que nos encantaba All Time Low, y él saca de repente el móvil, nos enseña el número y suelta "los llamaré".» Así pues, mientras los chicos de 5SOS estaban ocupados dando vueltas alrededor del mundo, volviendo locas a las multitudes de ambos lados del Atlántico, Feldmann utilizaba todos sus contactos para encontrar socios compositores especiales para los chicos, que a lo largo de las siguientes semanas conocerían a varios importantes de la escena rockera americana, y encima algunos de sus ídolos.

No hay que subestimar la importancia de John Feldmann durante esta etapa de la historia de 5 Seconds of Summer. Sin duda, su personalidad y su enfoque relajado en el estudio, así como su profesionalidad y su calidad como músico, tuvieron una gran influencia en la producción de los chicos. En todo caso, su contribución no se limitaba a desplegar su inmensa lista de contactos y traer a la mesa a compositores de fuera, sino que también llegaba a la aportación diaria en cada tema. Los chicos habían encontrado en Feldmann a un mentor encomiable. Antes de subirse a bordo, gente como Steve Robson y los tipos de Busted y McFly ya habían convencido a 5SOS de que estaban en el buen camino musical, pero estos últimos revelaron que al principio habían tenido dificultades para hallar el equipo creativo apropiado que entendiese su idea, sobre todo desde una perspectiva comercial. Ashton lo explicaba así: «Fue muy difícil conseguir que los productores y la gente del sello comprendieran esto, porque ahora mismo las guitarras no se llevan y el mercado es pop [en este momento]. Pero tuvimos que decirles "mira, ¡nosotros solo somos buenos tocando la guitarra!".» Fue esta resolución de mantenerse fieles a los principios y hacer que las guitarras fueran esenciales en la mayoría de los temas nuevos lo que había prolongado el proceso de grabación mientras la banda se aseguraba de que todo salía bien. Como explicó Ashton, «conocimos a productores que nos dejaron hacerlo». Michael analizaba cómo al final la búsqueda los condujo hasta Feldmann: «Cuando empezamos, nadie estaba seguro de cómo queríamos sonar, por lo que tardamos un poco en encontrar a los productores idóneos... Hablamos con montones de personas y fuimos descartando candidatos hasta quedarnos con los buenos.»

Fue la presentación de un amigo de un amigo de Michael lo que llevó a Feldmann a la profética reunión en la sala de ensayos previos a la gira de 1D, y todo pareció encajar a la perfección. Ashton explicó que la labor previa de Feldmann y su capacidad para mezclar géneros habían sido clave para su fuerte vínculo: «Es muy listo, sabe mantener su mentalidad pop, no intenta meter mucho ruido... Es muy diverso.»

La asociación resultó duradera; lo ha señalado Luke: «No nos hace trabajar duro, pero sí dedica largas horas... La verdad es que estableció un lazo sólido con nosotros... ha llegado a ser uno de los mejores amigos de la banda.» Como colaborador esencial de los chicos, Feldmann ayudó a fijar el tono de buena parte de las grabaciones que a la larga constituyeron el primer álbum de 5 Seconds of Summer y participó en la composición o la producción de ocho de los doce temas, entre ellos «Kiss Me Kiss Me», «End Up Here» y «Long Way Home», así como «18», «Good Girls», «Everything I Didn' Say», «English Love Affair» y la regrabada «Beside You».

El primer número que iban a sacar de la chistera-agenda de Feldmann sería para organizar una sesión con Alex Gaskarth, guitarrista y primera voz de All Time Low, banda americana de rock-punk. Como 5 Seconds of Summer, All Time Low se había formado estando sus integrantes aún en el instituto; corría el año 2003, cuando hicieron versiones de canciones de

Blink-182 y firmaron su primer contrato discográfico antes de cumplir los dieciocho años. Gaskarth había llegado a ser el compositor más prolífico del grupo: compartía créditos en la música y contribuía prácticamente en todas las letras. Cuando salió al mercado *Nothing Personal*, en 2009, la banda gozaba de un reconocido prestigio en EE.UU.; consiguió su primer álbum Top 10 y, con un plan de giras frenético, empezó a causar impacto en otras partes del mundo. Sus grandes éxitos llegaron con *Dirty Work*, en 2011, y *Don't Panic*, en 2012, que alcanzaron el Top 10 de EE.UU. e incluso lograron meterse en el Top 20 australiano.

Gaskarth había accedido a trabajar con los muchachos de 5 Seconds mientras se hallaba en un paréntesis entre la grabación de algunos temas nuevos para una edición especial del álbum *Don't Panic* y el inicio del siguiente proyecto de All Time Low. Luke, Michael, Calum y Ashton se sintieron realmente honrados de trabajar con un hombre cuya música había supuesto para ellos una influencia clave, y del que habían versionado su canción «Jasey Rae» en uno de sus primeros vídeos de YouTube y como parte del EP *Unplugged*. Michael estaba especialmente cautivado por la estrella; así se lo contó a *Coup De Main*: «El día que colaboramos con Alex fue probablemente uno de los mejores de mi vida. Aún me acuerdo... Es uno de mis principales ídolos, y todo fue una locura. Ahora somos amigos suyos, y él nos apoya mucho... Jamás imaginé que me encontraría en esta situación.» Siguió mostrando sus sentimientos de admiración al hablar con *Alter the Press!*: «Fue simplemente asombroso... Yo lo estimaba muchísimo, y cuando estábamos componiendo con él, lo vi ahí y le estreché la mano y dijo algo como "me alegro de componer contigo", y yo no podía estar más contento.» Calum sentía algo parecido: «Su habilidad para componer es formidable.» También explicó hasta qué punto All Time Low y Gaskarth le habían inspirado personalmente en sus inicios: «Al principio, All Time Low fueron los que me empujaron realmente a componer, y es chulísimo captar la evolución en las composiciones de Alex.»

El tiempo pasado con Gaskarth resultó ser muy productivo, y de ahí salieron tres canciones, «Kiss Me Kiss Me», «End Up Here» y «Long Way Home» con Feldmann como coautor, que constituyen el corte final del álbum. «Kiss Me Kiss Me» incluía créditos de coautoría de Calum y Luke, mientras «End Up Here» y «Long Way Home» procedían de sesiones con Michael y Ashton.

Había transcurrido casi la mitad de su período de composición en Los Ángeles cuando se desveló el siguiente golpe maestro de colaboración: 5 Seconds of Summer se metería en el estudio con otros dos héroes musicales de todos los tiempos: Joel y Benji Madden, de la banda americana de rock Good Charlotte.

Esta oportunidad era especialmente importante para Luke, que hablaba así con *Teen Vogue*: «Aquellas bandas de los noventa influyeron en nosotros... [Good Charlotte] fue la primera banda con la que me

165

obsesioné. El primer álbum y el primer concierto. Eran grandes.» Otra experiencia gratificante fue que produjo uno de los mejores temas en los que han trabajado los chicos hasta la fecha. «Amnesia», compuesta conjuntamente por Joel y Benji, junto con Sam Watters y sus socios de composición y producción, Louis y Michael Biancaniello, a la larga se convirtió en uno de los temas más destacados del disco de 5 Seconds. Tras editarse como tercer sencillo oficial, consiguió un Top 10 en Australia y Nueva Zelanda antes de salir a la venta a principios de septiembre en el Reino Unido y convertirse en su tercera canción de éxito seguida en este país.

Llegados a este punto, parecía que habían pasado siglos desde las sesiones de estudio en Londres con Amy Meredith. Trabajar con algunos de sus héroes musicales había insuflado a los chicos aún más entusiasmo en el proceso de composición y grabación, y tenían muchas ganas de seguir avanzando. Con casi un año de nuevas experiencias vitales de las que sacar lecciones, estaban más decididos que nunca a dejar su impronta en los temas que estaban haciendo, y se mantuvieron firmes en la idea de que cada canción debía reflejar quiénes eran y qué querían decir. Luke lo explicó a HMV.com: «Todos aquellos grandes compositores llevaban a las sesiones buenas ideas, pero necesitas escribir sobre lo que pasa en tu vida. Ha de ser original... Lo más importante es conservar tu propia individualidad.» Lo que atraía a la banda era la idea de alcanzar el equilibrio correcto en cada tema, aceptando agradecidos la guía de compositores más experimentados y armonizando esto en cada canción con una proporción suficiente de sus personalidades e intereses. «De estos compositores aprendimos mucho», confirmó Ashton en la misma entrevista, en la cual declaró asimismo que era la perspectiva única de los chicos sobre las cosas lo que convertía las canciones en suyas. «Escribes de manera distinta a medida que cambian tus experiencias... La gente no tiene tus experiencias, solo tú las tienes, y por eso has de mantenerlas.»

Teniendo esto presente, los chicos comprendieron que las canciones que habían estado componiendo el último año reflejaban algunas emociones muy diferentes y pintaban un interesante cuadro de cómo los miembros individuales del grupo estaban evolucionando como hombres. Lo señalaba Ashton: «Notamos ahora que escribimos mucho sobre echar de menos a personas. Llevamos mucho tiempo fuera.» Su fonoteca iba creciendo, y, aunque nadie esperaba un montón de canciones tristes o baladas lacrimógenas, sin duda estaban madurando como escritores, y el álbum lo pondría de manifiesto. «Aquí hay mucha variedad, que es lo que queríamos», reveló Michael. Al disco aún le faltaba bastante, pero Luke quería dejar claro que todo iba cuajando bien y empezaba a tomar forma. «Queremos que el primer álbum tenga un sonido similar pero que también sea diverso... en el álbum todo diverge armónicamente, estamos contentos.»

Aunque daba la impresión de que los chicos trabajaban sin parar, y pasaban largos días y noches encerrados en estudios de grabación o con los codos hincados en la mesa componiendo, en la época de L.A. sí tuvieron alguna oportunidad de soltarse el pelo. Pudieron permanecer conectados con sus fans organizando varios actos TwitCam, asistieron a un partido de béisbol e incluso invitaron a Kent «Smallzy» Small —el DJ australiano de Nova FM que tanto había respaldado a la banda en sus inicios— a hacer una visita a su base de Los Ángeles. Una noche especialmente llena de acontecimientos, los chicos recibieron una atención especialmente indeseada. Calum explicó a *USA Today* que los «fans habían descubierto dónde nos alojábamos y nos enviaron a dos strippers masculinos, y fue muy divertido». «Llevaban linternas», prosiguió, «que enfocaban hacia las ventanas. Michael corrió hacia mí y soltó algo como "¡esta gente quiere asaltar la casa!"». Gracias a Dios, todo quedó en eso. «Lucían uniformes de policía. No sé, muy ceñidos... Acabaron marchándose.» Curiosamente, esta experiencia concreta aún ha de aparecer como inspiración de alguna de sus canciones...

A mediados de septiembre, se acabó el período americano, y los chicos regresaron a Australia para descansar un par de semanas antes de reintegrarse a la gira Take Me Home en Adelaida. Después de tanto tiempo en el extranjero, todos valoraron este breve tiempo que iban a pasar con la familia y los amigos, pero también tenían ganas de dar las gracias a los seguidores. Tras solicitar tantos hashtags 5SOS como fue posible, los chicos anunciaron la llegada de su Instagram oficial, prometiendo lanzarla en cuanto la tendencia #5SOS alcanzara la cifra de 1,5 millones. Al cabo de un par de días estaban ya en marcha. Habían creado para sus seguidores otra oportunidad para sentirse totalmente conectados con su banda favorita.

A comienzos de octubre, cuando el vídeo de «Heartbreak Girl» en YouTube ya superaba los cinco millones de visitas, los chicos estaban preparándose para el siguiente capítulo de su increíble viaje. La gira Take Me Home se acercaba a su final, y a partir de ahí efectuarían nuevos movimientos. Al menos de momento, se centrarían en dar conciertos como cabeza de reparto y poner en marcha otra fase de su plan general: ya era hora de que 5 Seconds of Summer empezara a andar por su cuenta, y nada iba a impedirle conquistar el mundo.

CAPÍTULO TRECE

CONQUISTAR EL MUNDO

Solo quiero que la gente cante nuestras canciones a voz en grito en los coches, los centros comerciales, las paradas de autobús. En todas partes y en cualquier parte.

ASHTON IRWIN (@ASHTON5SOS), TWITTER

Con otro mes de composiciones y grabaciones en el bote, y también buena parte del álbum, todos se sentían entusiasmados con la calidad de las nuevas canciones. Pronto tendrían que tomar algunas decisiones difíciles: en algún momento del futuro inmediato alguien les haría una llamada sobre cuáles eran lo bastante buenas para ser incluidas en el primer álbum de la banda y cuáles no.

La etapa australiana de la gira Take Me Home era el periplo más largo de 5 Seconds of Summer en su terruño hasta la fecha. En el espacio de seis semanas darían múltiples conciertos en las principales ciudades del país, incluyendo seis noches en el Allphones Arena de su ciudad natal, Sídney, con capacidad para 21.000 personas. La demanda de entradas había sido tal que la gira se vio obligada a desandar el camino y añadir cuatro actuaciones más en Sídney antes de terminar por fin el 30 de octubre de 2013, tras tres espectáculos adicionales en el Rod Laver Arena de Melbourne. Para los chicos de 5SOS, la conclusión del viaje con 1D fue inevitablemente un momento agridulce. Después de la etapa de Melbourne, escribieron en Facebook «ha sido alucinante», antes de colgar una imagen suya con One Direction entre bastidores. El pie rezaba así: «De cuando nos hicimos una foto juntos. Echaremos de menos a estos tipos, ¡hasta pronto, chicos!» No obstante, estaba también claro que la gira había afectado a la banda, pues, al quedarse dormido, Calum no llegó a ver un documental sobre 5 Seconds of Summer en un programa de la televisión australiana de primera hora de la mañana; al día siguiente escribió esto: «Iba a levantarme temprano para vernos en *Sunrise*, pero al final me desperté a las tres de la tarde.»

La gira había sido agotadora, y acabaría siendo una de las experiencias educativas más difíciles que los chicos iban a afrontar jamás. A lo largo del camino habían recibido valiosas lecciones sobre técnica escénica, el oficio de músico y la manera de llevar una multitud a un nivel frenético de excitación. Al revivir este período lleno de acontecimientos en la historia de 5 Seconds of Summer, Calum explicó a Punktastic hasta qué punto el conjunto de la experiencia había permitido a la banda cambiar para mejor: «Para nosotros fue una oportunidad increíble, pues hicimos progresos como banda en directo y dimos un salto como profesionales, supongo. La curva de aprendizaje fue pronunciadísima.» Consideraba que la época pasada con One Direction también los había hecho más fuertes como individuos: «Durante la gira mundial, tres de nosotros teníamos diecisiete años, por lo que, al estar lejos de casa más o menos un año, tuvimos que crecer muy deprisa; así que fue duro, pero al mismo tiempo no habríamos querido hacer ninguna otra cosa.»

Un calendario tan largo y exigente habría puesto a prueba el compromiso de los chicos con la banda hasta el límite, pero el hecho de que aguantasen demostró que estaban ahí para todo el trayecto y ayudó a fortalecer los lazos que compartían todos. Estaban cada vez más unidos no solo como amigos sino también como músicos, y habían descubierto qué hace falta exactamente para convertir a cuatro individuos de ideas afines en un todo más intuitivo y creativo. De repente, el sueño de llegar a ser una banda como es debido comparable a las que los habían inspirado —Green Day, Good Charlotte o Blink-182— estaba a su alcance. En el escenario, ahora eran una máquina bien engrasada, lo que sumado a sus esfuerzos compositores los convertiría en una fuerza a tener en cuenta.

Los chicos redondearon el año con los planeados conciertos de lucimiento en la sala KOKO de Londres, y el anuncio de una gira completa como cabezas de cartel en el Reino Unido durante los primeros meses de 2014. Como ya cabía suponer, se agotaron todas las entradas en cuestión de minutos: tal como transcurría, 2014 acabaría siendo otro año increíble en la corta historia de la banda.

Con motivo del segundo aniversario de 5 Seconds of Summer, cada uno de los chicos colgó mensajes especiales en YouTube y Facebook que superaron la increíble cifra de un millón de «me gusta», a raíz de lo cual fueron nominados para el Buzzworthy's Fan-Favorite Breakthrough Band [Banda innovadora favorita de los fans digna de atención] de 2013. Cuando el 18 de diciembre llegó la noticia de que les habían concedido el premio, los chicos estaban disfrutando de un merecido descanso con su familia. Tras un elogio así después del duro esfuerzo, y viendo que entre bastidores todo encajaba a la perfección, a 5 Seconds of Summer le había llegado el momento de planificar la fase dos de su objetivo de dominar el mundo.

El año 2014 iba a empezar con un bombazo. Los chicos escribieron esto online: «El descanso en Australia nos ha ido muy bien, ¡estamos listos para tocar rock otra vez!» El 10 de enero, los chicos estaban de nuevo en marcha, rumbo a Los Ángeles para participar en más sesiones de composición y grabación.

Como ahora la banda tenía un contrato con Capital Records, pronto hubo un aluvión de importantes buenas noticias, la primera relativa a su marca discográfica personal. Siguiendo su estilo típico, los miembros de 5 Seconds of Summer pidieron a sus fans que les ayudasen a decidir el nombre: «Una de las razones por las que hemos llegado donde estamos es porque siempre hemos trabajado con vosotros, ¡gente alucinante! Lo que ya hacéis por nosotros es increíble y tener esta marca nos permite asegurarnos de que seguimos trabajando con vosotros mientras (por fin muchas risas) sacamos al mercado nuestro primer álbum.» Tras prometer que los fans tendrían la oportunidad de implicarse en la marca tan pronto estuviera en funcionamiento, declaraban lo siguiente: «Primera tarea... NECESITAMOS UN NOMBRE... sabemos que sois tan raros como nosotros así que puede ser divertido o serio, como queráis.» Añadían algunas sugerencias, como Hi or Hey Records, Try Hard Records, Soft Punk Records, Banana Smoothie Records o Ketchup Records, que expusieron a los fans para que tuitearan sus propias ideas. Como respuesta a sus mismas sugerencias, aquel mismo día Michael tuiteó esto: «¿Cómo es que todos creen que no nos tomamos en serio lo de esta etiqueta? SOMOS PERSONAS MUY SERIAS.» Al final, los chicos anunciaron Hi or Hey Records como mejor propuesta, y se lo comunicaron a los seguidores: «La semana pasada lo hicisteis tendencia #1 en todo el mundo, y nosotros también pensamos que es un nombre fabuloso.»

El trabajo en el estudio proseguía a un ritmo endiablado, pues los chicos volverían a ponerse en marcha enseguida. Unos días después se dirigían a Londres, y el 2 de febrero estaban por fin listos para desvelar los detalles de su primer single mundial oficial. Cuando la banda había estado pensando en primeros sencillos, «She Looks So Perfect» siempre acababa en lo alto de la lista. «Queríamos algo que explicara realmente de qué iba la banda», explicó Ashton al *Today Show*. «Teníamos la banda de chicos y solo queríamos hacer una canción pop rockera y decir "somos 5 Seconds of Summer y somos diferentes".» La canción también serviría de puente entre lo que los fans habían visto antes y lo que la banda quería hacer en lo sucesivo. «No hemos sacado nada al mercado desde que teníamos unos quince años. El tipo de sonido, la imagen, ha cambiado todo. Hemos crecido un poco.»

«She Looks So Perfect» había sido compuesta por Ashton, Michael y Jake Sinclair durante las sesiones de Los Ángeles. En retrospectiva, parece una elección obvia para su primer single internacional, pero en 5SOS no gustó a todos en el acto.

Jake Sinclair no era solo un compositor de prestigio, sino también un consumado músico y técnico de estudio que había hecho aportaciones a temas de algunas de las bandas preferidas de 5 Seconds of Summer, entre ellas Panic! at the Disco o Fall Out Boy. En algún momento previo a su programada sesión con Ashton y Michael, estaba en su tienda local American

Apparel, soñando despierto mientras hacía cola para comprarse varios pares de calzoncillos de marca de la tienda. Al parecer, se fijó en los anuncios de dentro, que representaban imágenes de chicas en ropa interior. «El cerebro es un lugar extraño —confesó a *Billboard*—... solo pensé, "vaya, sería chulo que mi novia llevara esto".» Redactó una rápida nota mental y volvió a sus asuntos. Entonces pensó en su reunión con Ashton y Michael, y la idea parecía encajar con algo en lo que los chicos habían estado trabajando. «Nos lo explicó y dijo "esto es lo que tengo, esta es la idea"», reveló Ashton a Sugarscape.com. «Nos pareció realmente algo guapo, y nos extendimos sobre ello.» Ashton y Michael completaron la sesión con Sinclair, pero, tal como contó más adelante Ashton a KIIS 1065 Radio, pronto enseguida empezaron a surgir dudas sobre la canción. «Michael la detestaba. La compusimos en un día, y al abandonar la sesión, dijo: "Tío, esta canción es una mierda. Y entonces yo contesté algo como "no, tío, es una buena canción". De modo que insistimos y la grabamos.»

La canción era sin duda una declaración audaz. Con su salmodia inicial «Hey, Hey» dando paso a una atronadora mezcla de bajo y batería, desde luego no era un single pop corriente, y sería toda una conmoción para todo aquel que esperase un tema típico de banda de chicos. El tremendo coro se elevaba por encima de algunas guitarras fuertes, lo que producía el tipo de gancho pegadizo al instante gracias al cual la canción permanece en tu cabeza mucho tiempo después de haberla escuchado por primera vez. Cuando en la radio la ponían junto a los grandes éxitos del momento —como «Happy», de Pharrell, «Drunk In Love», de Beyoncé, o «Royals», de Lorde, se veía era diferente de cualquier otra cosa de principios de 2014.

El 4 de febrero, los chicos anunciaron que la descarga se podía reservar a través de iTunes, y el sencillo en la página web y otros minoristas online. Como la canción salió al mercado de forma escalonada en diferentes países y estuvo disponible en el espacio de pocos días, resultó ser un éxito instantáneo en cuanto se fueron confirmando las respectivas reservas. Curiosamente, llegó al número uno solo en pre-ventas en varias listas días antes de que los fans hubieran tenido ocasión de escuchar la versión completa. El 7 de febrero, tras colgar avances de clips y material gráfico, se subió el vídeo y se estrenó en Vevo. Las respuestas de los fans fueron positivas prácticamente en todas partes, oscilando entre la simple «más perfecto incluso de lo que me imaginaba» hasta la estrafalaria «mientras miraba el vídeo se me quemó el bacon». Cuando el entusiasmo inicial por los acontecimientos de la semana empezó a apagarse, los chicos escribieron esto en Facebook: «La semana pasada fue de locos. Nos sentimos de lo más dichosos y agradecidos.»

En el irónico vídeo, dirigido por Frank Borin, aparece un grupo diverso de personas corrientes —entre ellas un poli americano, compradores en un súper y clientes de un restaurante— que empiezan a quitarse la ropa a medida que la canción los transporta a un incontrolable frenesí de baile y lujuria. Ashton lo confesó a PopCrush: «Creo que, por encima de todo, siempre hemos querido que la gente se desnudara en un vídeo nuestro.» También explicó resumidamente cómo se desarrolló el concepto: «El director, Frank Borin, nos vino con la idea, y nosotros dijimos "esto es rotundamente genial". Y él va y dice "sí, la canción debe volver loca a la gente y hacer que quiera quitarse la ropa". Y yo dije "suena bien".» Cautelosos ante las cuestiones relativas a la censura y a posibles prohibiciones de ciertos canales de vídeo, no toda la gente que aparecía en la grabación acababa «en ropa interior American Apparel», tal como explicó Borin a *Billboard*: «American Apparel no es para toda clase de cuerpos... Para algunas personas es demasiado pequeña, o demasiado atrevida.» El vídeo termina antes de que los chicos se quiten los pantalones, pues se temía que una toma de ellos en calzoncillos fuera algo «inapropiado»; sin embargo, tal como reveló Michael, «¡hay una edición nuestra en algún sitio, por ahí! Pero parece de veras extraño... es como decir "¿y qué hacemos ahora?"».

Estando todo el mundo debidamente tapado, el vídeo musical oficial completo de «She Looks So Perfect» fue un exitazo inmediato cuando se estrenó el 24 de febrero en Vevo, y desde entonces ha superado los 65 millones de visitas en YouTube.

Por desgracia, tuvieron poco tiempo para reflexionar acerca de los episodios recientes: regresaron al estudio a grabar la canción «Lost Boy», que Calum y Luke habían compuesto con Roy Stride, el líder de Scouting for Girls. Impacientes por despertar más entusiasmo con «She Looks So Perfect» antes de su salida oficial al mercado en Gran Bretaña a finales de marco, los chicos anunciaron una corta gira UK Radio que los llevaría a ocho ciudades importantes del país, en la que concederían entrevistas a la prensa y la radio y de paso se encontrarían con muchos seguidores nuevos.

Con el single en la radio, el vídeo viéndose en todas partes y avanzado el proceso de elección de canciones para su primer álbum, los muchachos de 5 Seconds notaron que por fin habían llegado. Ahora tenían algo concreto que enseñar, pues el afán con que habían trabajado los dos últimos años y la decisión de tomarse su tiempo, aprender a ser una banda como es debido y hacer la clase de música que les apasionaba comenzaban a dar frutos. Cada uno de los cuatro se había sacrificado mucho para llegar hasta aquí: habían abandonado la escuela, habían pasado meses lejos de la familia y los amigos, lo habían invertido todo en la banda. En poco más de dos años habían recorrido un largo camino. Michael expresaba así su incredulidad a Music Feeds: «La verdad es que nunca nos propusimos ser conocidos en todo el mundo. Solo pensábamos que algunos amigos verían los vídeos, quizá también sus amigos en el mejor de los casos.» Si salir de gira con One Direction se había traducido en una pedagogía primordial para la banda, editar su propia música era indudablemente su graduación. Ahora, con sus canciones y su sonido propios, tenían la sensación de que ya habían esperado lo suficiente y estaban más resueltos que nunca a seguir adelante. Ashton lo explicaba así: «Queríamos estar en el candelero todo el tiempo posible... ha llegado el momento de mostrar al mundo lo que somos.»

Cuando por fin «She Looks So Perfect» salió al mercado en Australia el 23 de febrero, entró directamente en el número tres de la lista nacional ARIA antes de trepar al número uno en la quinta semana. En el Reino Unido, sin embargo, fue un éxito fulgurante. Distribuido un mes después, el 23 de marzo, la canción se encaramó de inmediato al número uno de la Lista Oficial de Singles, de modo que era la cuarta vez que un artista o grupo australiano alcanzaba el número uno en el Reino Unido, y 5SOS eran el primero en hacerlo en catorce años. En una entrevista con el *Today Show*, Luke rememoraba el momento de enterarse de que eran el número uno: «Recuerdo que irrumpí en la habitación de Ashton y dije "¡somos el número uno!".» Por su parte, el baterista exclamó: «Era como estar en Navidad. Exactamente eso.»

En América, «She Looks So Perfect» salió al mercado a principios de abril como parte de un EP, con lo cual se consideró que era un álbum, no un sencillo, por lo que cumplía los requisitos para estar en la lista de álbumes. En EE.UU., el EP *She Looks So Perfect* vendió la pasmosa cifra de 140.000 copias en la primera semana e irrumpió en la lista de éxitos como número dos. Solo le impidió llegar al número uno la imbatible banda sonora de *Frozen*, de Disney, álbum que, en ese momento, había vendido casi dos millones de discos y llevaba nueve semanas en lo más alto de la Lista de 200 Álbumes de *Billboard*. Como tema independiente, a la larga «She Looks So Perfect» llegó al número veinticuatro de la lista de singles Hot 100 de *Billboard*, lo que supuso el primer single Top 40 de los chicos en EE.UU.

Como tarjeta de visita, «She Looks So Perfect» había realizado su cometido, sin duda. Aunque la banda apenas era conocida en EE.UU., el éxito de la canción los situó deprisa bajo el radar de la prensa y los medios mayoritarios, que se apresuraron a entrevistar a los chicos y a contar su historia. Iluminados ahora por un reflector más potente, llegaban a una audiencia mucho mayor que nunca —los seguidores de One Direction que se habían subido al carro durante el último año más o menos habían contribuido a ello, desde luego—, y eran miles los que cada día se pasaban a sus filas.

Un inusual efecto secundario de la popularidad de la canción tras su salida al mercado fue el incremento de ventas de ropa interior en American Apparel. Por lo visto, la marca de ropa interior estaba ahora llegando a un mercado totalmente distinto; la empleada de la tienda Amber Joyner se lo contaba a *Billboard*: «Es gente más joven, que escucha música de chicos así, y que antes no estaba muy familiarizada con nuestra marca.» Iris Alonzo, portavoz de American Apparel, lo reconocía: «No tengo ni idea de si es atribuible a la canción de 5 Seconds of Summer, pero en EE.UU. ha habido un incremento del diez por ciento en las ventas de ropa interior masculina aparte del típico aumento estacional que observamos en primavera en prendas de este estilo.» Al margen de si la subida de las ventas se debía al revuelo armado por los chicos, Luke explicó a *Billboard* que, hasta la fecha, la banda no había recibido del minorista ningún paquete gratis de ropa interior. «Nadie de la empresa nos ha mandado siquiera un e-mail... Se están haciendo de rogar. Michael habló en la página web de *Coup De Main*: «Creo que no les gustamos. Me parece que están molestos con nosotros.»

Los chicos tenían ahora la sensación de que habían escrito toda la música que necesitaban para el álbum, y, tal como explicó Ashton a *Alter the Press!*, había mucho donde escoger: «Teníamos escritas [casi] 100 canciones.» No obstante, para concluirlas y grabarlas aún quedaban unos cuantos cabos sueltos. Aunque, con las técnicas modernas, esto se podía hacer mientras la banda estuviera en marcha, los chicos aún podían dedicar a ello un montón de horas antes de considerar que el álbum estuviera listo. Ashton lo confirmó en una entrevista con HMV: «Hemos estado en las afueras de Oxford, en el quinto pino, terminando el álbum.» Michael explicaba que para completar el trabajo se habían sentido presionados: «Nos dijeron que, como había poco tiempo, debíamos grabar seis canciones en dos días. Que se hicieron largos.» Con su típica actitud relajada, Calum bromeaba sobre la tensión: «Está claro que andábamos justos de tiempo; los ratos FIFA se habían reducido de manera espectacular.»

Una vez realizado casi todo el trabajo duro, y mientras en el estudio se le daban los últimos toques al álbum, parecía lo más lógico pasar el resto de este período en la carretera, tocando en directo y haciendo toda la labor promocional que fuera posible. Solo días antes de iniciar la gira como primeras figuras por el Reino Unido, que habían anunciado a finales de 2013, los chicos desvelaron más detalles sobre sus planes para los meses siguientes. Si apenas una pausa para recobrar el aliento, dieron a conocer un apretado calendario de giras que los tendría en movimiento hasta principios de mayo y que los llevaría a dar conciertos en Europa, EE.UU. y Australia.

Primero estaría la gira 5 Countries 5 Days, en virtud de la cual la banda actuaría en cinco países europeos —Suecia, Alemania, Francia, Italia y España— distintos en solo cinco días. A la semana siguiente, empezarían en San Francisco su primera gira americana como cabezas de cartel, la gira Stars, Stripes and Maple Syrup, en la que visitarían otras nueve ciudades importantes de Estados Unidos y Canadá. En cuando hubieron completado esta serie de conciertos, los chicos regresaron a Australia para llevar a cabo la gira There's No Place Like Home, en la que se incluían actuaciones en Adelaida, Melbourne, Sídney, Brisbane y Perth.

El 5 de marzo, apenas iniciada la gira del Reino Unido, los chicos explicaron que tenían importantes noticias para sus seguidores internacionales: se juntarían con One Direction en su próxima gira mundial —Where We Are—, que los llevaría por el Reino Unido, Irlanda, Europa y América entre mayo y octubre de 2014. Teniendo en cuenta que debían terminar, sacar a la venta y promocionar un álbum, además de sus obligaciones ligadas a las giras, 2014 estaba resultando su año más atareado hasta la fecha.

CAPÍTULO CATORCE

WHERE WE ARE

> Queremos realmente dejar huella y ayudar a la gente a entender que las bandas todavía se hacen notar. Creo que si la gente no da una oportunidad a bandas como la nuestra, está impidiendo que la música rock crezca y progrese y capte nuevas audiencias.
>
> ASHTON IRWIN, *ROCK SOUND*

A principios de mayo de 2014, a menos de dos semanas de reunirse con sus colegas de One Direction y arrancar la gira Where We Are en Irlanda, los chicos de 5 Seconds of Summer estaban acercándose al final de su gira australiana No Place Like Home. Un par de semanas antes habían dado su mayor concierto como primeros espadas hasta la fecha, en el Dome in Oakland, Connecticut, ante casi 5.000

fans, y recientemente habían visto que sus ya impresionantes estadísticas en las redes sociales seguían aumentando hasta superar la cifra de dos millones de «me gusta» en Facebook.

A medida que transcurría 2014, la popularidad de la banda alcanzaba nuevas cotas, con lo que quedaba prácticamente asegurado su estatus de «la siguiente cosa importante». Antes de la gira con 1D, los muchachos habían dado los últimos toques a su álbum, con su inmensa colección de canciones grabadas que debía ser concienzudamente reducida a un número razonable para la lista final de temas. Calum se lo contó a Fuse Online: «Casi hemos terminado con el álbum. Hemos compuesto más de cien canciones que al final han quedado en veinte o veinticinco.» Y añadía: «Estamos muy orgullosos del resultado porque hemos estado mucho tiempo componiendo, de modo que está bien tener por fin una obra nuestra concluida.» Del enorme arsenal de los chicos, una canción destacaba casi tanto como «She Looks So Perfect».

«Don't Stop» se había convertido en una sólida favorita, y tan pronto fue grabada llegó a ser una lógica aspirante a salir al mercado como segundo single «creado» antes del álbum. La canción había sido compuesta por Luke y Calum durante sus sesiones con Steve Robson, y en ella figuraban aportaciones de Michael Busbee, también conocido como «busbee». Como compositor y productor, busbee había hecho la misma transición que Robson: pasó pulcramente de trabajar en Nashville con gente como Rascal Flatts o Lady Antebellum a ser coautor de grandes éxitos pop de Alexandra Burke («Bad Boys»), Timbaland («If We Ever Meet Again»), Pink («Try») o Kelly Clarkson («Dark Side»), entre otros. Su conocimiento de los ganchos del pop y las producciones guitarreras lo convertían en un complemento ideal para el emergente sonido de 5 Seconds of Summer. Empezar con un traqueteo de batería, un resoplido de cuerdas de guitarra y un riff cortante, aún más fuerte, es mucho más directo —y un rollo más punk— que «She Looks So Perfect». Sin embargo, como su predecesora, incrementa los ganchos y, en todo caso, el coro es incluso más pegadizo que el debut de los chicos. Con una duración de menos de tres minutos, es una sacudida corta, brusca, de armonías alegres y llenas de vida y de energía inagotable.

En cuanto la banda hubo anunciado que «Don't Stop» sería su próximo sencillo internacional —excluyendo EE.UU., donde fue editado un tema distinto, «Good Girls», como canción de adelanto del álbum—, enseguida colgó en YouTube un vídeo lírico. El hecho de que un vídeo lírico inicial consiguiera un millón de visitas en cuarenta y ocho horas es una señal inequívoca de lo rápido que crecía su base de fans. Y lo que asombra aún más es que, solo un par de semanas después, cuando subieron el vídeo musical oficial, logró más del doble de visitas durante el mismo período. Ashton recurrió a Twitter para manifestar su incredulidad: «Dios mío, "Don't Stop" ha llegado a 2M de visitas, demonios, ¿cuándo ha pasado esto?»

En el vídeo lírico, los chicos hacían realidad una fantasía típicamente juvenil de volverse superhéroes, lo que les permitía aparecer como álter egos de cómic. La directora de vídeos promocionales, Sophia Ray, lo explicó a MTV: «Creímos que seguir el camino del superhéroe sería un detalle agradable, positivo», confirmó asimismo que los chicos habían escogido sus propios nombres —Luke era el doctor Fluke, Ashton era ahora Smash, Calum adoptó el nombre Cal-Pal y Michael se convirtió en Mike-Ro-Wave. Más adelante, los muchachos revelaron los orígenes de sus álter egos en un divertido vídeo, «Lost Tapes», donde Calum admitía no tener realmente poderes, lo cual lo convertía en «el peor superhéroe de la historia», y Ashton explicaba que sus facultades venían de cuando quedó aplastado bajo un montón de material de gimnasio. Por lo general, Luke es reacio a hablar, pero admite que su fuerza principal es el hecho de tener unos guantes chulos y Michael explica que el mantra de su héroe es «eres lo que comes». Aparte del humor y la evidente satisfacción fantasiosa de los deseos de los chicos, el vídeo lírico transmitía un mensaje más serio, en el que la banda promueve una campaña contra la intimidación iniciada tras ciertas informaciones de que la hermana de Ashton había sido víctima de abusos en su escuela. En el vídeo lírico, los chicos aúnan esfuerzos para rescatar a una chica pelirroja de una pandilla de matones; como explicaba Ray, la joven «se inspiraba en la base de fans de los chicos. Queríamos que representara a todas las fans... todas las personas que colaboraban en la campaña».

El vídeo oficial de acción en vivo, que apareció unas semanas después, fue dirigido por Isaac Rentz, que explicaba el concepto en clips entre bastidores: «Vi al instante lo carismáticos y juerguistas que eran, y pensé "vamos a usar la idea para esta banda ahora mismo".» La filmación fue una experiencia divertidísima; Luke se lo contaba al *Daily Star*: «Para ser sincero, aquellos dos días filmamos tanto para el vídeo, que de ahí podíamos haber sacado una película.» También alimentó rumores de que quizá seguirían el ejemplo de sus mentores, One Direction, y llegarían a la gran pantalla: «Nos encantaría hacer una película.» Aunque no es exactamente una película, el vídeo completo ofrece una percepción juguetona de los estilos de vida de los superhéroes de los chicos y tiene algunos momentos muy divertidos, como cuando descubren que el trabajo de superhéroe no siempre es coser y cantar ni está lleno de agradecimientos de las víctimas rescatadas. Desde el punto de vista individual, consiguen diversos grados de éxito cuando salvan a gatos perdidos, ayudan a ancianas a cruzar la calle o se enfrentan a una temible pandilla que pinta grafitis. Es solo al combinar sus esfuerzos —como versión 5SOS de *Los vengadores*— cuando se dan cuenta de que, como equipo, son más fuertes y poderosos. Quizá una referencia ingeniosa a la historia original real de 5 Seconds of Summer. Michael lo admitía: «Habría estado encantado de llevar cada día aquellos trajes, pero cuando has de mear la cosa se complica de veras.» Ashton tuvo la última palabra sobre el conjunto de la experiencia durante el vídeo entre bastidores, y dijo con descaro: «Ser un superhéroe es formidable. Mejor de lo que imaginaba. Ropa interior ceñida... me sentía bien... sustentado.»

Antes de la salida al mercado de «Don't Stop», los chicos tenían programado su debut en la televisión americana el 18 de mayo de 2014, tras ser invitados a actuar en en el MGM Grand Hotel de Las Vegas con motivo de los anuales Premios Musicales *Billboard*. Subir al escenario en este prestigioso acto de la industria musical suponía una valiosísima exposición al público, y se tomó la estratégica decisión de sacar a la venta el tan esperado primer álbum en vísperas de los premios. Tras un mensaje guasón, la semana anterior en las páginas de las redes sociales de la banda, en el que decían «escucha el álbum y piensa lo orgulloso que estás de los chicos», el anuncio llegó el 13 de mayo. En Facebook, la banda dijo simplemente esto: «Al cabo de tres años, por fin podemos deciros que... ¡TENEMOS UN ÁLBUM!»; y añadían: «Hemos trabajado en ello mucho por vosotros, y es muy grato ver que al final podemos hacerlo público. Esperamos de verdad que os guste.»

Había sido un proceso largo, y los chicos se habían mantenido fieles a su idea en el sentido de hacer exactamente el álbum que querían. Ashton lo explicó a musictakeabow.com: «Tardamos mucho en ser músicos... queríamos llegar a ser musicalmente impresionantes... Estamos orgullosos de hacer sonidos de los que podemos sentirnos orgullosos.» Cuando llegó el momento de poner nombre a su debut, daba la impresión de que la banda había consumido todos sus jugos creativos. «Nos está costando —cavilaba Luke—; los nombres de las giras se nos ocurren enseguida, ha de ser algo espontáneo.» El álbum acabaría siendo homónimo, con las palabras «5 Seconds of Summer» como único texto de la carátula.

El disco iba a seguir una estrategia de salida al mercado complicada y escalonada, que tendría en cuenta las fechas habituales de lanzamiento en cada país —unos el viernes, otros el lunes— y a la vez intentaría saber dónde estarían los chicos, en la gira de One Direction, y conocer así su disponibilidad para promocionar el álbum. Así pues, en Australia, Nueva Zelanda y buena parte de Europa, el álbum saldría el 27 de junio, mientras que en el Reino Unido estaba previsto que fuera tres días después. Japón lo tendría el 16 de julio, mientras que la fecha de lanzamiento en EE.UU., Canadá y México sería el 22 de julio. El gran impulso publicitario que rodeó a su aparición en la gala de *Billboard* funcionó como la plataforma perfecta que iniciaría un runrún en torno al disco, y muy pronto ya nadie podría olvidar que estaba en camino.

Haber tenido la oportunidad de actuar en los Premios de *Billboard* no era algo que los muchachos se tomaran a la ligera, y mientras se dirigían a Las Vegas a ensayar para el espectáculo comenzaron a darse cuenta de lo mucho que aquello significaba para ellos y de lo enorme que era ese jalón en su carrera. Para una banda relativamente desconocida, solo pensar que hacían su debut televisivo en compañía tan venerada, cabía esperar que la presión les pudiera. Como es lógico, lograron mantener la serenidad, más en todo caso que Kendall Jenner, la estrella de telerrealidad famosa por sus apariciones en *Keeping Up with the Kardashians*, que había sido la elegida para presentar a los chicos.

Tras arrancar con un breve resumen del historial de éxitos de 5 Seconds, todo empezó a ir fatal cuando Kendall, que leía el teleprompter, empezó a presentar la banda como si fuera One Direction. Imperdonable para la familia 5SOS, pero quizá comprensible dado que, según se rumoreaba, Kendall había estado saliendo con Harry Styles, de 1D. Como la relación había terminado, tal vez ella tenía otras cosas en la cabeza. Después de una breve introducción audiovisual de la banda, la señal directa volvía a Kendall mientras esta decía «¡cada día son más grandes!, echad un vistazo». Por desgracia, pocos fueron capaces de escuchar sus palabras, pues 5 Seconds of Summer ya había iniciado su actuación.

Compartiendo cartel con algunos de los principales nombres de la escena musical, entre ellos Miley Cyrus, Robin Thicke, Jennifer Lopez, John Legend y un holográfico Michael Jackson, los muchachos interpretaron una enérgica y vertiginosa versión de «She Looks So Perfect». Chris Payne, reportero de *Billboard*, la calificó de «actuación asesina» y declaró lo siguiente: «Aunque era una de las canciones menos conocidas que se interpretaron en el concierto, el pegadizo coro de "She Looks So Perfect" hizo que la ejecución fuera impecable y del gusto de todos.»

Fue una triunfante primera aparición en directo en la televisión de EE.UU., que no olvidarían jamás. También resultó de gran trascendencia, pues expuso la banda a una audiencia aún más amplia y convencional. 5 Seconds of Summer fue de lo que más se habló en Twitter tras la actuación; el nombre de la banda fue tendencia mundial: mencionado casi medio millón de veces durante el espectáculo. Aunque se trata de un dato estadístico impresionante incluso para el caso de 5SOS, es más sorprendente si cabe porque esta cifra es superior a todas los elogios online generados por todos los demás intérpretes juntos de la noche.

Con otro momento clave en su historial, los chicos volvieron a centrarse en la edición de su primer álbum. Con su condición de último single oficial anterior al disco, «Don't Stop» salió al mercado a mediados de junio, cuando llegó a ser número tres en Australia y número uno en Nueva Zelanda. Un par de semanas después, los muchachos hicieron todo lo posible para asegurar su segundo sencillo número uno en el Reino Unido; Luke lo admitía al *Daily Star*: «Espero otro número uno, pero no queremos estar demasiado ansiosos. El número uno nunca resulta aburrido, es algo grande. Aún me despierto pensando en el primero, no sé qué haría si volviera a pasar.» En colaboración con el minorista musical HMV para una serie de firmas en tiendas durante la primera semana de salida a la venta del disco, los chicos llegaron a firmar 1.000 copias adicionales del CD, que habían enviado a una de las tiendas de la cadena en Londres, pero revelando en Twitter a los fans dónde estaban solo al final de la semana. Según la tienda, 800 de estas copias firmadas se vendieron al cabo de una hora de haberse conocido su ubicación. La principal competencia de los chicos procedía de Ella Henderson, antigua concursante de *X Factor*, que había terminado en sexto lugar durante la temporada de 2012 del programa y por fin estaba sacando al mercado su primer sencillo, «Ghost», tema del que era coautor Ryan Tedder, de OneRepublic. Los primeros días, Michael estuvo siguiendo con atención la batalla en las listas, y a principios de la semana tuiteó esto: «Me cuesta creer que "Don't Stop" esté realmente entre las tres primeras en el Reino Unido, es una locura... Sois fabulosos, tíos.» Para añadir más adelante: «Estamos de veras cerca de conseguir nuestro segundo #1 en el Reino Unido, y esto es todo gracias a vosotros, por apoyarnos.» Por desgracia, el grito de guerra de Michael no bastó, y tras una reñida lucha en la que 5 Seconds of Summers había llegado al número uno a mediados de semana, «Don't Stop» entró en las listas del Reino Unido como número dos, tras haber vendido 82.000 copias, solo 3.000 menos que «Ghost». En un tuit, Calum se tomó la derrota con deportividad: «Tíos, ¡solo quiero daros las gracias por habernos llevado al número dos en las listas del Reino Unido! ¡Sois los mejores! ¡No lo olvidaremos! Gracias, gracias.»

En EE.UU., «Don't Stop» no se vendió oficialmente como single, pero sí se pudo descargar: vendió 91.000 copias en una semana, cuando se pudo reservar el álbum de 5 Seconds of Summer en iTunes, cifra eclipsada por las 121.000 de «Good Girls» vendidas la primera semana cuando saliera al mercado unas semanas después.

Para 5 Seconds of Summer las cosas iban en la dirección adecuada, desde luego, y las primeras reacciones de la base arraigada de fans ante sus nuevas canciones fueron en general positivas. Nuevos seguidores iban acercándose a la familia 5SOS en cantidades cada vez mayores; Ashton celebraba así la superación de los dos millones de seguidores en Twitter: «Vaya, gracias, chicos, ¡es alucinante! Os quiero. Crecéis con nosotros, tíos, paso a paso.»

Mientras los miembros de la banda tomaban posiciones junto a One Direction para el primer concierto de la gira Where We Are en mayo, tuvieron también ocasión de mirar atrás y reflexionar sobre el hecho de que habían pasado dos años desde que colgaran el vídeo original de «Gotta Get Out». Habían recorrido un largo camino, sin duda, y tenían mucho que conmemorar; Calum escribió esto en Twitter: «¡4 chavales del oeste de Sídney acaban de actuar en un estadio! ¡Muy orgulloso de los colegas, lo hicieron de maravilla!»

El único aspecto negativo del desplazamiento de la banda hacia una línea más convencional fue la reacción de algunos de los fans más veteranos ante recientes conversos a la familia 5SOS. Como pasa con muchos grupos que empiezan siendo pequeños y crean una base de fans entregada y fiel, el paso a una aceptación masiva puede resultar problemático. Para algunos de los primeros seguidores, la idea de que otros se entrometieran en algo que ellos consideraban exclusivo, o la amenaza de perder la estrecha relación que mantenían con su banda favorita, acaso fuera difícil de sobrellevar. Ante tablones de anuncios online y páginas web llenas de argumentos sobre quién tenía más antigüedad como seguidor y de gente que manifestaba su idea de que quienes habían descubierto la banda a través de One Direction no eran «fans auténticos», los chicos decidieron tomar cartas en el asunto esperando desactivar la situación y restablecer la armonía en la familia 5SOS. Michael se valió de su cuenta de Twitter: «Las personas que han respaldado nuestra banda desde el principio son la razón de que estemos donde estamos ahora», y preguntaba «¿qué es todo esto del "fan falso"?». Y proseguía: «Un fan es un fan con independencia de lo que haga, no juzguemos... Si a alguien le gusta una banda, no pienses que eres mejor que él si a ti hace más tiempo que gusta, todos habéis descubierto esta banda en un momento dado #nohate.» Pese a que no resolvieron el problema del todo, al parecer los comentarios de Michael sí dejaron bien claro el mensaje de los chicos.

El segundo período de 5 Seconds como teloneros de One Direction sin duda vendría muy bien para consolidar su fama como banda pop divertida, que con el tiempo iba consiguiendo aún más seguidoras jóvenes, pero la salida al mercado de su última tanda de canciones propias también estaba haciendo que otros elementos, más serios, de la industria musical se enderezaran y prestaran atención. Gracias a esta improbable combinación de pop fandom [reino fan] y credibilidad musical, la banda fue nominada para el Best International Newcomer [Mejor recién llegado internacional] en los Premios *Kerrang!*, solo unas semanas después de haber obtenido el Fave New Talent [Nuevo talento favorito] en los Premios Kids' Choice [Elección de los chicos] de *Nickelodeon*. La insólita posición en que se hallaba el grupo fue puesta de relieve al máximo en una reseña de la página web de música alternativa *Alter the Press!* para el EP *She Looks So Perfect*. Para que quedara constancia, empezaba diciendo que 5 Seconds of Summer no es una banda de chicos. Tras dejar sentado que tocan sus propios instrumentos y sugerir que no deberían ser juzgados por los primeros que les conocieron, declaraba que «este no es el paso siguiente en la resurrección de la banda de chicos; esto es 5 Seconds of Summer, el EP *She Looks so Perfect* es su presentación, y es bueno de verdad». Luego proseguía: «A estos chicos aún les queda mucho para ser valorados, pero si este es el punto de partida, tienen muchas posibilidades de hacer algo grande.» La crítica terminaba así: «Esto no es el siguiente acto de la era de la banda de chicos, sino más bien el comienzo de una nueva ola de pop-rock, ola totalmente necesaria en un género que se ha anquilosado un poco.»

Durante los meses siguientes, fue la gestión de este precario equilibrio entre la búsqueda del superestrellato pop y su deseo de ser reconocidos como músicos creíbles lo que acabaría siendo uno de los máximos logros de la banda.

Aunque estaba claro que tardarían un poco en convertir a la mayoría de fans rockeros, comprensiblemente desconfiados ante los elementos más pulidos y «poppy» de la música de 5 Seconds of Summer (así como ante su asociación con One Direction), algunos sectores de la prensa rockera seria se mostraban más inclinados a aceptar la banda como propia. Muy pronto, el evidente compromiso de los chicos con la promoción de la música guitarrera, su entusiasmo por hacer referencia a gente como Green Day o Blink-182 como sus mayores influencias y la larga lista de excelentes socios compositores que habían trabajado en el álbum de 5 Seconds propiciaron un giro de 180 grados entre algunos de los críticos más duros —al fin y al cabo, era difícil discutir sobre las credenciales rockeras de muchas de las personas involucradas en la banda. Las relaciones de trabajo en curso con gente como Alex Gaskarth, de All Time Low, Benji y Joel Madden, de Good Charlotte, o el estimado productor de rock John Feldmann pronto fueron bien acogidas por publicaciones del género de miras más amplias. Una vez comprendido que apaciguar a la creciente familia 5SOS no perjudicaría sus ventas, comenzaron a aparecer artículos y entrevistas en revistas como *Alternative Press* o *Rock Sounds*, la segunda de las cuales dio el atrevido paso no solo de colocar la banda en la portada sino también de sacar cuatro versiones diferentes, cada una con una foto individual de un chico para promocionar sus rasgos distintivos. Incluso *Kerrang!*, la veterana y autoproclamada Biblia del rock, empezó a escribir sobre la banda con respeto.

Cuando *Kerrang!* dio a conocer las nominaciones para su ceremonia de premios anuales, hubo cierta sorpresa al aparecer 5 Seconds of Summer junto a grupos y artistas bastante más rockeros como Crossfaith, Issues, We Came as Romans o State Champs en la categoría de Best International Newcomer. Por desgracia, la batalla que libraban por su aceptación se puso de manifiesto cuando, en la ceremonia de Londres del 13 de junio, fueron recibidos por un coro de abucheos del público al ser proclamados ganadores del premio. Los chicos se tomaron esa respuesta negativa con calma y declararon simplemente que se sentían muy honrados de haber recibido el premio *Kerrang!* al Mejor Internacional Recién Llegado, y añadieron: «Gracias a todos por votarnos. Sois asombrosos. Os queremos, tíos.» Como de costumbre, los chicos eran muy conscientes de que lo importante eran sus verdaderos fans, a los que siempre estarían agradecidos por su apoyo.

El director de la revista, James McMahon, había expresado antes libremente sus opiniones sobre la banda en su cuenta personal de Twitter, diciendo que, a su juicio, eran «una mierda». Tras numerosos ataques online de los admiradores de la banda, decidió aclarar su parecer y volvió a Twitter para dejar claro que sus comentarios anteriores se debían sobre todo a sus gustos personales: «Tuiteé que 5 Seconds of Summer era una mierda. Porque, mira, soy un hombre de treinta y tres años con barba.» Y pasó a expresar su opinión, esta vez como director de la principal revista de rock del país: «Si ayudan a que la gente se enganche a las verdaderas bandas de rock, formidable.»

Es esta cuestión la que quedó explicada de forma más elocuente en un artículo escrito por Matt Crane y publicado en *Alternative Press*. Crane tenía interés en señalar que el gran avance de 5 Seconds of Summer no era solo la victoria de un sello discográfico que había comercializado con éxito una nueva banda de pop, sino algo que también debía celebrarse en los sectores más amplios y serios de la industria musical. «La banda», escribió, «está etiquetada como pop-punk, bien que en la forma más poppy y radiofónica. En un sentido más general, esto significa que la inmensa infraestructura de la gran compañía que promociona esta banda está remarcando el hecho de que es pop-punk —no pretenden convertirla en banda de chicos— en un momento en que el pop-punk no podía estar más vilipendiado como género por la cultura musical dominante.» A continuación, Crane, pronosticando que la popularidad de 5 Seconds of Summer podía conducir a otra saturación de artistas pop igualmente guitarreros, decía: «La última vez que vi una explosión del género con todo el respaldo de la industria musical, salieron Blink-182, Sum 41, Good Charlotte, New Found Glory y otros.»

Según conjeturaba Crane, el efecto secundario de las veces que cada uno de los chavales de 5SOS citaba entusiasmado a estas bandas como una influencia importante, así como las innumerables referencias a otras bandas rockeras modernas favoritas, como Paramore, All Time Low, Mayday Parade o A Day To Remember, quizá inspiró a sus fans a investigar más por su cuenta, lo que desembocó en un espectro mucho más amplio de rock guitarrero y heavy metal. Abrir las puertas a una base de fans flamante solo podía ser una medida positiva para cualquier género de música: con el mayor interés llegaría una mayor inversión de las compañías discográficas, así como un muy necesario espaldarazo a los recintos musicales más pequeños y al interés entre los medios convencionales en general. Si a otras bandas pop-punk que lucharan por abrirse camino, acaso en la misma situación que 5 Seconds of Summer un par de años antes, les echaran un cable para ser aceptadas en la corriente predominante, y esto creara un mini-movimiento de bandas pop guitarreras, sería algo positivo.

Fue en este ambiente de optimismo donde, unas semanas después, salió finalmente al mercado el primer álbum de 5 Seconds of Summer, y aunque no sería anunciado como «el salvador de la música rock», sí fue aceptado por la mayoría de los sectores de la prensa musical «seria» de más prestigio y recibió bastante atención de publicaciones como *Rolling Stone, Billboard* o *Alternative Press* amén de críticas previsiblemente favorables en muchas de las revistas pop y de adolescentes.

Cuando la gira Where We Are hubo terminado su viaje por el Reino Unido con tres noches en el O_2 de Londres, los miembros de la banda tuvieron la excepcional oportunidad de pasar algo de tiempo con sus respectivas familias. El programa *60 Minutes* de Australia decidió llevar a las madres un par de días a Londres y las filmó mientras se reencontraban con sus hijos. Fueron días emotivos para todos. Eso puso de relieve el hecho de que, a lo largo del último año o así, los chicos habían estado más tiempo fuera que en casa, y como es lógico a veces era difícil sobrellevar la separación. Liz, la madre de Luke, explicó a *60 Minutes* cómo sintió al ver a su hijo actuar en Londres: «Un orgullo inmenso, un orgullo increíble. Se me llenan los ojos de lágrimas cada vez... da igual si es una sala pequeña o el estadio de Wembley, tengo la misma sensación de orgullo y pienso "mira, ahí está mi niño".»

Aunque para los chicos era una grata pausa —tenían cinco días libres antes reunirse con One Direction en Suecia—, aún les quedaban muchas cosas que hacer. Todavía estaban grabando posibles temas complementarios en un estudio de Londres, y tenían previsto hacer su debut televisivo británico en *Sunday Brunch*, de Channel 4. En el programa se preveía que ayudaran en un par de secciones de cocina, en las que se pondrían a prueba sus habilidades culinarias y se demostraría que eran lamentablemente inexistentes, y se hablaría de su música, del álbum y de los conciertos de la gira con One Direction. Concluyeron la visita interpretando una vertiginosa versión acústica de «Don't Stop» en directo en el estudio.

Los chicos salieron disparados para reunirse con sus colegas de 1D con los que visitarían Suecia, Copenhague y Francia, aunque la gira se vería interrumpida por una rápida excursión al Reino Unido para tocar en el Summertime Ball de Capital FM. No hacía un par de semanas que los chicos habían actuado en el estado de Wembley con One Direction, pero esta vez compartirían escenario con un gran número de artistas y grupos pop británicos e internacionales, entre ellos Pharrell Williams, Ed Sheeran, David Guetta, Ellie Goulding, Calvin Harris, Sam Smith, Little Mix e Iggy Azalea. Los chicos interpretaron tres temas ante una multitud eufórica, en la que se contaban varios superfans de 5SOS con pancartas y carteles caseros. Su parte incluía las canciones propias «Don't Stop» y «She Looks So Perfect» así como una versión roquera de «Teenage Dream», de Katy Perry.

Durante los últimos días de junio, los chicos estuvieron completando el resto de la etapa europea de la gira Where We Are, que los llevó por Holanda, Italia, Alemania, Suiza, España y Portugal, pero, para el conjunto de la familia 5SOS, la principal atracción fue la salida al mercado de su ansiado primer álbum. Había tardado mucho en llegar, pero muy pronto un sinnúmero de personas nuevas de todo el mundo caerían bajo el hechizo de 5 Seconds of Summer.

CAPÍTULO QUINCE

TEMA A TEMA

¿El álbum? Oh, está totalmente acabado...
¡Casi!

ASHTON IRWIN, MUSICTAKEABOW.COM

El primer álbum de 5 Seconds of Summer es excepcional por muchas razones, entre ellas el hecho de que está repleto de canciones pop inolvidables, y demuestra de una vez por todas que los cuatro chicos de Australia son mucho más que «otra banda de chicos». Y pese a que solo dos años antes de la edición del disco no habían compuesto ni grabado ninguna de sus canciones propias, Luke, Michael, Calum o Ashton comparten créditos de composición de todos los temas menos uno. Se trata de un verdadero logro teniendo en cuenta que la mayoría de los primeros álbumes suelen repartirse en dos categorías: en el caso de muchos artistas pop, su debut acaso se monte y se lleve a toda prisa al mercado para sacar partido de un solo éxito, mientras otros artistas más serios suelen llenarlo de canciones escritas varios años antes de estar en condiciones de pensar siquiera en hacer un álbum. Si un músico es serio acerca de su marca, la búsqueda de la serie perfecta de canciones de lanzamiento puede ser un proceso largo y exhaustivo bien que necesario. Un primer álbum equilibrado y bien elaborado es el mejor sistema para que un cantante o una banda causen una buena primera impresión, el objetivo de siempre de los chicos.

Es innegable que el producto homónimo de 5 Seconds of Summer les ha ayudado a causar una primera impresión inolvidable en todo el mundo. El álbum alcanzó el número uno en las listas oficiales de Australia y Nueva Zelanda, y logró la misma proeza en diversos países europeos a la vez que obtuvo el estatus Top 10 en muchos más. En conjunto, ocupó el puesto número uno en iTunes en más de setenta países.

En el Reino Unido, el álbum libró una dura batalla al competir directamente con el segundo de Ed Sheeran, *Multiply*, la esperadísima continuación de *Plus*, su debut multiplatino. El disco de Sheeran llevaba dos semanas a la venta y ya había llegado a ser el álbum de venta más rápida del Reino Unido en lo que iba de año; además, la retransmisión de su actuación en el festival musical de Glastonbury ayudó a mantener un nivel de ventas altísimo. Para reforzar las suyas, los chicos dieron un par de conciertos íntimos y organizaron sesiones de firmas en tiendas HMV de Manchester y Londres. Limitados a un par de centenares de localidades, ambos conciertos resultaron de lo más popular, y la demanda de entradas superó en mucho la capacidad de los recintos. Muchos fans que no habían conseguido entrar esperaron pacientemente fuera de las tiendas, felices de corear y cantar temas de 5SOS. Los chicos no quisieron defraudar a los desafortunados y siguieron firmando discos mucho después de la hora en que debía acabar la sesión. Al final no fue suficiente, y 5 Seconds of Summer tuvo que conformarse con un respetabilísimo número dos en la Lista de Álbumes del Reino Unido de la OCC, con una cifra de ventas cercana a las 67.000 copias.

En EE.UU., el álbum salió al mercado casi un mes después que en los demás sitios para sacar provecho de la llegada de la gira Where We Are, de One Direction. Así pues, los chicos de 5SOS tuvieron ocasión de promocionar el álbum en *Today*, un programa televisivo diurno de máxima audiencia, dar un miniconcierto en el Rockefeller Plaza de Nueva York y participar luego en una «fiesta multitudinaria» *Jimmy Kimmel Live*, en la que se cerró una de las calles céntricas más concurridas de Los Ángeles a fin de que la banda diera un concierto gratis al aire libre para el popular programa nocturno de entrevistas. El efecto inmediato fue que se dispararon las ventas del álbum. Superando las cifras previstas, en la primera semana acabaron vendiéndose más de 258.000 copias del disco, que llegó a encabezar triunfalmente la Lista de

Éxitos Top 200 de *Billboard*. Todo eran buenas noticias: 5 Seconds of Summer no solo había alcanzado el número 1 en EE.UU., sino que también había sacado el álbum de debut más vendido hasta la fecha así como el álbum de debut más vendido por cualquier grupo desde que el ex alumno de *American Idol* Chris Daughtry y su banda sacaran el suyo en 2006. Quizá no fuera el primer grupo o artista australiano en llevar un álbum al número uno en EE.UU. en 2014 —la cantautora Sia Furler lo había hecho unas semanas antes—, pero sí estaban batiendo algunos récords propios, como ser el primer grupo o artista australiano en entrar en la lista como número uno con el primer álbum o, en el proceso, vender más copias que ningún otro artista o grupo australiano en su debut.

Tras haber batido tantos récords y haber generado tantos titulares, vale la pena echar un vistazo más detenido a las doce canciones que componen *5 Seconds of Summer* así como examinar algunos de los temas complementarios que han sido incluidos en diversas ediciones especiales sacadas al mercado en todo el mundo.

El álbum comienza con lo que al final se decidió que fuera el primer sencillo internacional de la banda, «She Looks So Perfect». Compuesta por Ashton y Michael, junto con Jake Sinclair, el tema fue producido también por Sinclair, con coproducción y remezcla de Eric Valentine. Ashton lo describe como la historia de estar huyendo con alguien, dejando atrás una vida aburrida y viviendo nuevas aventuras con la persona que quieres, pero mucha gente la recuerda solo como la «canción de la ropa interior American Apparel». Sinclair había aparecido en la sesión de composición ya con la historia de American Apparel en la cabeza, pero le preocupaba que una canción sobre ropa interior pudiera ser «demasiado rara». Por suerte, como explicaron en el vídeo entre bastidores que colgaron en YouTube, a la banda «le encanta lo raro», y la historia enseguida llegó a ser la base de un coro inolvidable.

HMV.com hablaba de «un coro colosal, cañero, vehemente, pop-roquero... probablemente la mejor publicidad aleatoria por emplazamiento que oirás este año». *Alter the Press!* proclamaba que la canción estaba «lista y preparada para ser la melodía del verano», y añadía que «la cantarás a coro solo con haberla escuchado una vez». En el vídeo, Ashton revelaba lo siguiente: «Estábamos esperando esta canción ideal que nos representara realmente.» Luke estaba de acuerdo y añadió: «Solo queríamos sacar algo [para el primer disco] que fuese diferente de todo lo demás que hay por ahí.» De modo que era decididamente una misión cumplida, y la canción se convirtió para la banda en una perfecta tarjeta de visita que reflejaba a la perfección su manifiesto: guitarras contundentes, coros contundentes, y una energía más contundente todavía.

Después viene la canción elegida como segundo single en la mayoría de los países, «Don't Stop», compuesta por Calum y Luke, Steve Robson y Michael «busbee» Busbee, con Robson también en labores de producción. En el vídeo adjunto tema a tema que se colgó en YouTube, Ashton simplemente la califica de «canción de fiesta... algo con lo que bailas». Se trataba de un parecer compartido por la crítica Arianne Arciaga, que en la revista estudiantil *Chabot Spectator* escribió esto: «Si buscas una canción que te ponga de pie y te haga golpearte la cabeza en el coche, ¡"Don't Stop", de 5 Seconds of Summer, es la canción perfecta!» Luke explica que la letra del tema habla «de una chica en una fiesta que todo el mundo quiere llevar a casa», y aunque la letra está llena de insinuaciones bastante atrevidas, nunca llegan a ser groseras o inapropiadas; lo señala la Guardian Liberty Voice: «Las divertidas insinuaciones del vocalista, Luke Hemmings, elevan la emoción del espectáculo.»

Aun siendo tan placentera como «She Looks So Perfect» —HMV la llamaba «ridículamente pegadiza» y para *Billboard* el gancho del coro «es lo más destacado de todo el álbum»—, en todo caso, la producción vuelve la canción algo más flexible y decididamente más punk que el single anterior. Con riffs y una batería más potentes que la asemejan a cosas de Blink-182, Digital Spy señalaba que «Blink-182 quizá sacó al mercado su primer tema mucho antes de que naciera siquiera alguno de los cuartetos australianos, pero esto no ha impedido a 5SOS ser los fieles suplentes de la banda».

«Good Girls» nació en las sesiones londinenses de diciembre de 2012 con Roy Stride, de Scouting For

Girls, y la aportación adicional de Josh Wilkinson —miembro fundador de la banda indie rock-pop Go:Audio—, el productor Feldmann y el dúo compositor y productor Parkhouse-Tizzard, todos ellos coautores de la canción con Ashton y Michael. En el vídeo entre bastidores tema a tema para «Good Girls», Calum explica que, en un principio, Stride le había expuesto su idea básica de la letra a él y a Luke durante una sesión de trabajo: «Roy dijo algo como "tengo esta letra... las chicas buenas son simplemente chicas malas a las que no han pillado", y Luke y yo dijimos "¿sabes?, esta letra viene bien al estilo de escritura de Ash y Michael"», y al día siguiente se la pasaron.

Aunque es verdad que la divertida e irónica letra tiene mucho en común con «She Looks So Perfect», la producción elimina gran parte del abrillantador y crea un efecto más extravagante y sombrío de pop-punk, con guitarras retumbantes, voces sintéticas, palabras subterráneas mitad cantadas, mitad habladas y un coro que se convierte en un himno incontestable, con lo que tenemos tres temas roqueros seguidos de ritmo elevado.

«Kiss Me Kiss Me», cuarto tema del álbum, fue compuesto por Calum y Luke, con la ayuda de John Feldmann y Alex Gaskarth. Es el primero de los tres en que hay una aportación compositora de Gaskarth, líder de All Time Low, cuya implicación en la grabación de este primer álbum fue para los chicos algo muy importante. Se lo contaba Michael a PopCrush: «All Time Low son la principal razón de que yo empezara a tocar la guitarra y a cantar, de modo que tener la oportunidad de componer con él era una verdadera chifladura, vamos.» Calum analizó los orígenes de la canción: «La escribimos estando de gira... siendo sinceros, es un poco descarada.» Luke entró en detalles: «Va de conocer a alguien con quien te gustaría pasar tiempo sin saber si puedes dejarlo correr.» Ashton explicó algo más: «Pasas ratos solo con los amigos que vas haciendo... te mueves y te mueves y te mueves... la canción habla de que la mayor parte del tiempo lo pasas con gente que conoces en el viaje.»

Es otra canción de ritmo fuerte, pero la inclusión de compases electrónicos en la fase intermedia confiere a esta creación un tono más genérico, y entonces recuerda más a las canciones pop-rock incluidas en *Midnight Memories*, de One Direction, como el tema del título, «Little Black Dress» o «Little White Lies». «Kiss Me» tiene menos notas de humor poco convencional y travesuras líricas de las que podríamos esperar de 5 Seconds, pero, como canción roquera simple, todavía pega fuerte y desde luego se dispara cuando al final entran los coros.

«18» fue escrita por Luke y Michael, acompañados de Richard Tannard, Seton Daunt, Ash Howes y Roy Stride. *Billboard* calificaba «18» de «oda legítimamente divertida, descabelladamente pegadiza, a las frustraciones de esperar a la edad adulta cuando todavía eres un niño punk». En la canción, los chicos de 5SOS dan una vuelta de tuerca a su especial sentido del humor en diversas situaciones, mientras la letra explora el frustrante mundo de las identificaciones falsas, los tatuajes secretos y la prohibición de entrar en la discoteca por ser menor de edad. De las primeras sesiones en Londres con Roy Stride, y Stannard y Rowe cantando a coro, saldría otra canción, que la producción de John Feldmann y unos acordes de guitarra de veras fuertes sacarían del pop puro. HMV la describía como «sumamente pegadiza... hace que estés tarareando el riff durante días y días».

«Everything I Didn't Say» es una canción compuesta por Ashton y Calum con la colaboración de John Feldmann y Nicholas «RAS» Furlong. RAS es un compositor y productor de renombre que comenzó su carrera escribiendo música original para videojuegos antes de probar con la composición de canciones y a la larga firmar un contrato con Ryan Tedder, de OneRepublic, para incorporarse a su Patriot Games Publishing. Ahí fue coautor de temas para gente como The Wanted, Leona Lewis y Jordin Sparks, ganadora de la sexta temporada de *American Idol*. Su asociación con los chicos de 5 Seconds of Summer fue de lo más provechosa, pues produjo no solo «Everything I Didn't Say» sino también «Social Casualty» o «Independence Day», dos canciones que aparecerían en distintas versiones del álbum disponible en todo el mundo. Michael lo admite en el vídeo tema a tema de YouTube: «De todas las canciones que tenemos, esta es la que me gustaría haber escrito yo.» Ashton explicó su punto de partida para el tema: «Cuando estás en una relación y cortas y dices "tío, no me comprometí de veras", [te das cuenta de que] la otra persona se esforzó mucho más que tú y lo lamentas.» Aunque no compuso la canción, Luke sugirió su propia teoría sobre la cuestión: «Me parece que es un concepto guay... En mi opinión, trata de que una relación se ha acabado y tú lamentas no haber sido una mejor persona en esa relación.» No obstante, Luke fue cruelmente interrumpido por Ashton, que bromeó así: «La escribimos pensando en mi perro Baxter.»

Por su cambio de ritmo, en el álbum esto es lo que más se acerca a una verdadera balada. HMV dijo que tenía «un coro adecuado de "luces en el aire"», y *Billboard* comentó que «el tema irradia una producción pop meticulosa», aplaudiendo el uso de efectos de cuerda para reforzar el tono melancólico del tema.

«Beside You» es con mucho la canción más vieja del álbum, pues se remonta a las primeras sesiones de composición y grabación que tuvieron los chicos en Australia, a principios de 2012, con Christian Lo Ruso y Joel Chapman, de Amy Meredith. Es el sexto tema del álbum, y está compuesto por Calum, Luke y la pareja de Amy Meredith. La canción ya había sido editada como parte del EP *Somewhere New*, pero los chicos se habían encariñado tanto con ella que en su opinión había que volver a grabarla y añadirla al primer LP. Si se comparan las dos versiones, se observa una señal clarísima de lo lejos que habían llegado en los dos años transcurridos desde que la grabaran por primera vez, amén de un nítido puente entre la banda de entonces y la de ahora.

Conservando la conmovedora angustia del principal vocalista, Luke —seguramente una de sus mejores interpretaciones en el conjunto del álbum—, pero añadiendo sutiles ritmos electrónicos y efectos de arreglos de cuerda, es un vehemente tema de medio tiempo, que para *Billboard* era «el tipo de tema que esperas oír en un disco de OneRepublic, que no está nada mal si te gustan las buenas baladas». Con vagas reminiscencias de «I'm With You», de Avril Lavigne —potente balada que convirtió su álbum de debut, *Let Go*, en un éxito internacional multiplatino, y cuya interpretación de la misma fue nominada para un Premio Grammy al Mejor Vocalista Pop—, «Beside You» funciona como recordatorio de la química en el núcleo de la banda y ofrece una primera visión de la madurez y la sofisticación crecientes en su trabajo. Es un digno final de la primera mitad del álbum.

«End Up Here» fue compuesta por Ashton y Michael, con la ayuda de John Feldmann y Alex Gaskarth. Esta canción vuelve a acelerar el ritmo, y de este modo, brindando otro vehemente tema pop-rock, los chicos hacen subir la temperatura. La adición de un ingenioso sintetizador de teclado con burbujeo electrónico chispeante bajo la superficie produce algo fresco, contemporáneo y radiofónico junto a la habitual mezcla de guitarras retumbantes y coros potentes y chillones. Con una atrevida referencia a «Living On A Prayer», de Bon Jovi, y un guiño a Nirvana al mencionar una camiseta de Kurt Cobain en la letra, de alguna manera consigue sonar moderna y retro a la vez.

En el vídeo entre bastidores colgado en YouTube, Ashton decía que su principal recuerdo de la canción era el de «John [Feldmann] quitándose la camisa y bailando en el estudio». Explicaba también que la canción fue escrita teniendo muy presente la experiencia en vivo: «Necesitábamos una canción que levantara a la multitud... una canción de fiesta... Queríamos escribir algo de ritmo rápido que hiciera saltar a la gente.» *Billboard* la describió como «otro producto sobresaliente y divertido... cuando el último coro da palmas sustituyendo a la batería, el oyente se siente obligado a dar palmas también». HMV.com proclamó que el tema era «lo más interesante del álbum» e hizo el cumplido primordial: «Hace pensar en el tipo de tema que Blink-182 habría firmado con mucho gusto a principios de 2000; es genial.»

«Long Way Home», canción número nueve, fue compuesta también por Ashton y Michael, John Feldmann y Alex Gaskarth. Fruto de la primera reunión de Ashton y Michael con su héroe de All Time Low, se completó solo veinticuatro horas después de que Luke y Calum hubieran creado «Kiss Me Kiss Me» con él en su primer encuentro. Luke resumió su relación con el prolífico Gaskarth diciendo solo esto: «Nos atrapó. Sin lugar a dudas.» Ashton explicó lo rápido que parecía fluir la canción, y admitió que «al cabo de unos quince minutos de haber llegado, ya teníamos la idea del coro». Fue una relación enormemente productiva. Los chicos creían que sus estilos compositores habían congeniado tan de golpe debido a las influencias musicales que compartían con Gaskarth, así como al hecho de haber crecido escuchando a All Time Low y aprendiendo de sus álbumes lo esencial de componer y estructurar canciones.

Con un susurro lírico a Green Day, este tema algo más relajado, con su tableteante batería y su piano conductor, trae a la memoria «I Miss You», de Blink-182, y convive perfectamente con algunos de los artistas roqueros americanos más radiofónicos que los chicos citan como influencias suyas. HMV escribió que era «un poco Jimmy Eats World, un poco Good Charlotte, incluso un poco R.E.M.». En realidad, una canción de influencias eclécticas.

«Heartbreak Girl», compuesta por Calum y Luke, junto a Steve Robson y Lindy Robbins, es otro tema superviviente de las primeras sesiones de composición y grabación de la banda, concebido en su primer viaje a Londres, que al final se pudo descargar gratis, a principios de 2013. Para su inclusión en *5 Seconds of Summer* se le aplicó una ligera remezcla y otra capa de brillo. Luke recuerda la primera sesión con Robson y en el vídeo de YouTube decía esto: «Compusimos cuatro canciones, y la verdad es que [«Heartbreak Girl»] no me gustaba más que las otras, pero todo el mundo decía "esta canción es buena de verdad".»

El otro coautor del tema, Lindy Robbins, afincada en Los Ángeles, y famosa sobre todo por haber compuesto «Skyscraper», de Demi Lovato (también un número uno en el Reino Unido de Sam Bailey, ganador de *X Factor* de 2013), atesora más de veinticinco años de experiencia en la industria musical tras haber trabajado con multitud de artistas y grupos, entre ellos Backstreet Boys, Selena Gomez, Leona Lewis y One Direction. Ashton reveló el lugar especial que esta canción concreta ocupa en el corazón de los chicos: «Es bonito ver a la multitud cantar cada palabra de la canción, es chulo porque significa mucho para nosotros pues simboliza los primeros pasos que dimos al ir al Reino Unido.» La canción, indudablemente la más pop del álbum, con su simple historia de «chico conoce chica, chica pasa del chico» y una producción pulcra y lustrosa, está dominada por un punzante riff de guitarra y algunas armonías fenomenales.

«Lost Boy» es un número de Calum, Luke, Jarrad Rogers y Roy Stride. Junto con «Good Girls» y «18», es otra canción temprana que vio la luz durante las sesiones con Roy Stride, líder de Scouting For Girls, y más tarde fue arreglada y mejorada por Jarrad Rogers. Rogers es un compositor y productor australiano que lleva más de una década trabajando con una amplia variedad de artistas pop y rock. Al principio de su carrera, fue coautor con muchos grupos y artistas australianos prominentes —entre ellos Delta Goodrem o Guy Sebastian, ganador de *Australian Idol*— antes de trasladarse a su base de Londres. Tras hacer frecuentes viajes a EE.UU., en la actualidad cuenta entre sus numerosos clientes con conocidos artistas internacionales de la talla de Lana Del Rey, Alex Clare, Demi Lovato o Foxes.

El tema empieza con un repiqueteo de batería intencionadamente descuidado, que da paso a un tema roquero majestuoso e imponente basado en frenéticos riffs guitarreros y un coro de ritmo vertiginoso, y ofrece el vínculo más claro con las influencias roqueras más heavys de la banda. Es un verdadero plato fuerte para los fans de 5SOS que prefieren leer sobre los chicos en *Kerrang!* a verles de teloneros de One Direction en una gira. Aunque esta canción está incluida como tema undécimo en las versiones estándar de Australia y Nueva Zelanda del álbum, en la edición del Reino Unido fue sustituida por «English Love Affair» y en EE.UU. por «Mrs All American», sin duda para atraer más a estos mercados.

«English Love affair» está compuesta por Ashton y Michael, pero Rick Parkhouse, George Tizzard, Roy Stride y Josh Wilkinson también aparecen en los créditos como coautores. Siendo otro tema originario de las sesiones londinenses de 2012, se añadió a la versión británica del álbum seguramente con buen criterio, habida cuenta del título y el concepto. Ashton tuvo la idea básica para el coro mientras los chicos se dirigían a una sesión de composición en la ciudad costera de Bournemouth; aquello enseguida fue tomando forma a la vez que se incluían referencias a los cánticos que se oían en los partidos de fútbol. Ashton se acordaba de que la canción se quedó un tiempo en el estante, si bien esto le traía algunos buenos recuerdos de su época en Londres: «Fue realmente genial, y lo pasamos de maravilla componiéndola. La hemos grabado, y es el tema bailable del álbum.»

«Mrs All American» es una creación de Calum, Michael, Steve Robson y Ross Golan, y viene a ser un agradecimiento muy especial a la creciente base de fans americanos de 5 Seconds. Era un tema empezado por Steve Robson y posteriormente finalizado con la ayuda de Ross Golan, renombrado compositor en EE.UU. Golan es otro colega de Ryan Tedder, de OneRepublic, que ha compuesto éxitos para Justin Bieber, Flo Rida, Shakira, Enrique Iglesias, Maroon 5, Nicki Minaj o Lady Antebellum. Con su percusión excéntrica, su gancho persistente y sibilante y sus peculiares y chirriantes sintetizadores, es sin duda un tema en el que los chicos de 5SOS se divierten. Esto no le pasó inadvertido a *Billboard*, que en su reseña decía: «Las ganas de jugar de la banda se hacen aquí totalmente patentes, pues los chicos hacen todo lo posible para aporrearse el pecho sin perder su encantadora torpeza.»

«Amnesia», compuesta por Benjamin Madden, Joel Madden, Louis Biancaniello, Michael Biancaniello y Sam Waters, fue escogida para el tercer sencillo oficial. Es especial porque es la única canción incluida en la edición estándar del álbum de doce temas en la que ninguno de los miembros de 5 Seconds of Summer ostenta créditos de composición. No obstante, aquí los chicos sí hacen realidad el viejo sueño de trabajar con sus héroes musicales, los hermanos Benji y Joel Madden, de Good Charlotte. En el vídeo tema a tema, los chicos recordaban el momento en que habían oído la canción por primera vez, y Luke contaba que «[Joel y Benji] la habían escrito hacía tiempo y no encontraban a nadie a quien le fuera bien». Michael lo confirmó: «Estaban guardándola para "La Gente Especial".» Aunque parezca extraño, al principio ninguno de los integrantes de 5SOS mostró ningún interés particular, si bien más adelante fueron dándose cuenta poco a poco de lo potentísima que era: «Es realmente sentida... muy especial para nosotros como banda.» Sin lugar a dudas, es el tema más sorprendente y sofisticado del álbum, hecho admitido por *Billboard*, que elogiaba «la conmovedora interpretación vocal y la letra más emotiva del disco... que devuelve a los más mayores al relativo dolor de terminar un idilio en el instituto». Según proclamaba la revista, «"Amnesia" pone de manifiesto la versatilidad de 5SOS». Cuando acaba, el álbum es reconfortantemente relajado. HMV lo calificaba de «tranquilo y agradable... con final sombrío». Y es innegable que esta delicada insinuación de tristeza pega emocionalmente más fuerte al llegar al final de un conjunto de canciones por lo demás optimistas. Como contiene una letra de lo más profunda cantada con una emoción inesperadamente cruda sobre una delicada guitarra acústica y empapada de cuerdas arrolladoras, la balada final es el inequívoco punto álgido del álbum, la canción que sin duda procurará a la banda una legión de nuevos admiradores.

En el Reino Unido, la edición de lujo del álbum

contiene tres temas extra, «Social Casualty», «Never Be» y «Voodoo Doll». El primero fue compuesto por Luke y Michael, además de John Feldmann y Nicholas «RAS» Furlong. Originaria de las mismas sesiones de composición que «Everything I Didn't Say», esta canción es, con mucho, la que recibe más claramente la influencia de la primera época de Blink-182, con lo que deja al descubierto las raíces pop-punk de la banda. La letra rebosa de rebeldía adolescente, los riffs de guitarra son soberbios, contundentes, y en la mezcla final acaparan toda la atención. Es desde luego digno de unos músicos que, en una gira, podrían ser mejores teloneros de Green Day que de One Direction.

«Never Be» es una creación de los cuatro miembros de la banda, además de John Feldmann. Es otra canción lenta, con pistas de «Wake Me Up When September Ends», de Green Day, que cuenta la historia de dos adolescentes descontentos, perdidamente enamorados, que desean ser siempre jóvenes, largarse de su ciudad y escapar del inevitable futuro que les aguarda. Todo esto se traduce en una canción dulce y conmovedora, con una sólida interpretación vocal de los chicos y una sutileza inesperada en su expresión.

«Voodoo Doll», compuesta por Ashton, Calum y los compositores afincados en el Reino Unido Adam Argyle y Fiona Bevan, es una superviviente de aquellas primeras sesiones de composición y grabación. Argyle lleva más de una década componiendo con algunos de los principales artistas pop del Reino Unido, entre ellos Will Young, Pixie Lott y Olly Murs, y está especializado en encontrar, cuidar y desarrollar el talento de nuevos cantautores, como ha hecho con Newton Faulkner y Gabrielle Aplin. Bevan es una artista a título propio que gozó de gran exposición pública como compositora cuando, en 2012, un tema que había escrito años atrás con el entonces desconocido Ed Sheeran, «Little Things», llegó a ser un exitazo mundial de One Direction. «Voodoo Doll» narra la historia de alguien tan incontrolablemente enamorado que, a juicio de los demás, debe de estar viviendo bajo algún tipo de hechizo sobrenatural. Como canción pop-rock bastante sencilla, con repiqueteantes riffs guitarreros y atronadoras baterías, todo rematado con arrolladores sintetizadores de cuerdas, para cualquier fan es un bienvenido tema adicional.

La edición deluxe de iTunes contiene el tema adicional exclusivo «Greenlight». La canción está compuesta por Ashton y Michael, con la ayuda de Steve Robson y James Bourne, principal compositor de Busted. Creada en 2012 en Londres, es un puro subidón de adrenalina, con una letra vigorosa y un estridente feedback de guitarra, que ofrece uno de los momentos más «punkis» de su amplio repertorio.

Junto a cuatro versiones diferentes de la ilustración de portada para Target, el minorista de EE.UU. tenía una edición exclusiva del álbum que contenía no menos de cuatro temas adicionales. «Tomorrow Never Dies» se debe a Ashton y Calum, Brittany Burton y John Feldmann. Siendo sin duda el tema más inusual que los chicos han sacado al mercado hasta la fecha, con fuertes efectos electrónicos desde el principio y coros, tiene más en común con Linkin Park y su época de *Hybrid Theory* o con *Violator*, de Depeche Mode, que con sus habituales influencias poppunk.

«Independence Day», compuesta por Ashton, Calum, Feldmann y Furlong, es un torrencial tema poprock que saca mucho provecho del estruendoso riff de guitarra, los balbuceantes efectos vocálicos y un inolvidable coro de acompañamiento.

«Close as Strangers», creada también por Ashton y Michael, amén de Roy Stride, Rick Parkhouse y George Tizzard, es otra sentida balada sobre estar de viaje y echar de menos el hogar, con una producción brillante y veraniega y un coro estimulante que no habría desentonado en una canción de Backstreet Boys.

«Out of My Limit», de Calum y Luke, una de las primeras grabaciones de los chicos, se ha sacado del EP *Somewhere New*. Improvisada, con armonías muy melodiosas si la comparamos con las grabaciones más recientes, advertimos con claridad la transición experimentada por 5 Seconds of Summer en tan breve tiempo.

La edición de JB Hi-Fi contiene los temas adicionales «Wrapped Around Your Finger», compuesto por Luke y Michael con la colaboración de John Feldmann, y «Pizza». Esta canción, bien distinta, con su ambiente electrónico y el repiqueteante solo de guitarra, recuerda a «Chasing Cars», de Snow Patrol, o a los trabajos recientes de ColdPlay, lo que acaso dé alguna pista de su futuro desarrollo como banda. «Pizza», creada por los cuatro integrantes del grupo, es una oda de de treinta y ocho segundos a los encantos de las pizzas, y fue también un tema oculto en la versión en casette-single de «She Looks So Perfect», que salió al mercado en una edición especial limitada para el Record Store Day de 2014 del Reino Unido.

Aun siendo una banda relativamente nueva, han creado una impresionante colección de canciones que abarcan satisfactoriamente un cierto número de subgéneros, como queda demostrado por la variedad de temas en las diversas ediciones internacionales de *5 Seconds of Summer*. Esto es de gran interés tanto para los fans como para los observadores de la industria musical, pues tiene que ver con el rumbo que los chicos decidirán que tome su sonido en el futuro.

CAPÍTULO DIECISÉIS

DON'T STOP

Quienesquiera que sean los mejores artistas del mundo, One Direction, Rihannna o Bruno Mars, nuestra ambición es que se hable de nosotros junto a ellos, con el mismo estatus.

NICK RAPHAEL, PRESIDENTE DE CAPITOL
RECORDS REINO UNIDO, *MUSIC WEEK*

Aunque quizá la opinión sobre la posición de 5 Seconds of Summer en el mundo musical siga dividida —muchos puristas del rock simplemente no ven más allá de su asociación con One Direction y los rechazan calificándolos de «demasiado pop» mientras la insistencia de los chicos en que son una «verdadera banda», con una participación mayoritaria en la creación de su propia música, acaso distancie a algunos de sus seguidores más jóvenes, que no tienen interés en el deseo de libertad creativa de la banda y tan solo quieren derretirse ante sus pósters y chillar en sus conciertos—, el hecho es que han confeccionado su propia marca y desde luego han llegado para quedarse.

Hablando con la revista *Billboard*, en agosto de 2014, Ashton Irwin, baterista de 5 Seconds, se apresuró a tranquilizar a sus fans diciendo que su banda no tenía intención de abandonar la lucha por convertir a los escépticos. «Algunos piensan "vaya, otra banda de chicos; sacarán algo y desaparecerán". Pero nosotros estamos desafiando esta idea.» Y continuaba: «Nos sentimos muy orgullosos de la música que hacemos —nos encanta—, y no tenemos miedo. Si alguien nos deja, da igual. ¿No es algo punk... que te importe un pito lo que diga la gente?» Al margen de lo que piense la gente de su música, la actitud común de los chicos les ayudará a seguir hasta el final.

Con el increíble éxito global de su primer álbum, y sin ninguna interrupción a la vista en su apretado calendario de giras, da la impresión de que el gran avance de 5SOS en 2014 simplemente pasará a la historia como el pequeño primer paso de su asombroso viaje y no como la gloria que remate todos sus extraordinarios logros hasta la fecha. Dado que cada día se incorporan miles de nuevos fans a la familia 5SOS, Luke, Michael, Calum y Ashton deben anular cualquier plan de tomarlo con calma: está previsto que en el futuro inmediato van a estar ocupadísimos. Si los chicos quieren mantener el impulso cobrado en

2014, quizá tengan que reducir sus excursiones a Nando's, pues hay mucho que hacer.

Aparte de las actuaciones en los Premios Video Music Awards del 24 de agosto de 2014 —donde los chicos ganaron el Best Lyric Video por «Don't Stop»— y en el iTunes Festival de Londres el 4 de septiembre, el siguiente acontecimiento importante en el calendario de 5SOS era la salida al mercado de «Amnesia» como tercer sencillo oficial de *5 Seconds of Summer*. La canción era el arma secreta de la banda y estaba lista para ayudar al álbum a adentrarse aún más en la corriente mayoritaria.

El vídeo lírico, que iba a salir a la venta a principios de julio, es un blanco y negro descarnado que contiene tomas taciturnas de los rostros de los chicos, con la letra del tema proyectada sobre ellos... sencillo y asombrosamente efectivo. Utiliza asimismo centenares de recordatorios visuales de los chicos y su viaje hasta la fecha, desde viejas instantáneas y pulseras de conciertos a pingüinos, piñas o consolas de juegos.

Cuando el 31 de julio salió por fin el vídeo oficial, contrastó claramente con el anterior, rebosante de color y bañado en una resplandeciente luz de final de verano. Con un collage de imágenes deliciosamente nostálgico, en él los chicos regresan a su ciudad natal y salen por ahí con amigos. También con un guiño a la época de los ensayos en garajes, las escenas sintetizan la conmovedora letra de la canción. En dos semanas, el vídeo recibió más de seis millones y medio de visitas en YouTube, con lo que sería uno de los clips más populares de los chicos hasta el momento.

Aunque no tuvo tanto éxito como sus predecesoras, «Amnesia» entró en el Top 20 de EE.UU., Canadá y Nueva Zelanda, y llegó a su apogeo al alcanzar el número siete en Australia, con lo cual se ponía de manifiesto que la gente seguía deseando música de 5 Seconds of Summer sin tregua.

La primera semana de julio de 2014, los chicos habían desvelado sus planes para la gira Rock Out With Your Socks Out de 2015, en la que darían sus primeros conciertos europeos como cabezas de cartel. Visitarían veintiséis estadios, lo que a lo largo de mayo los llevaría a once países diferentes de la Europa continental. Se añadieron trece conciertos más en el Reino Unido, y todo terminaría en junio, con dos noches en el SSE Arena de Wembley. A continuación volarían a Australia a dar sus primeros conciertos en estadios como primeras figuras, en una gira de cinco noches en su tierra. Transcurrida una semana desde este anuncio, los chicos, ansiosos por dar a conocer las noticias que se iban produciendo, revelaron a sus fans de EE.UU. que la gira los llevaría a América, donde pararían en más de veinte estados en su recorrido por todo el país durante julio y agosto, antes de terminar en Palm Beach, Florida, el 13 de septiembre.

Si había alguna duda sobre la capacidad de 5 Seconds of Summer para sacudirse la sombra de sus anteriores compañeros de gira, enseguida quedó disipada por la velocidad a la que las entradas empezaron a agotarse. Se habría podido plantear la cuestión de quiénes eran One Direction, pues los chicos tuvieron por fin la oportunidad de mostrar a todo el mundo lo que eran capaces de hacer: dar un concierto completo, con sus propias canciones, ante una multitud que, a todas luces, había acudido a verles solo a ellos. Quien se preocupara de cómo estos espectáculos podrían diferir de las actuaciones como teloneros debería tranquilizarse con la insistencia de Ashton en que la banda tenía como indicadores a sus héroes supremos, Green Day. Se lo explicó a *Alternative Press*: «Me encanta cómo [Billie Joe Armstrong, de Green Day] manda en un estadio. Él y Dave Grohl [de Foo Fighters] tienen este poder. Yo miro esto, y me inspira de veras. Es así como actuamos, con mucho griterío.» Mientras 20.000 personas corean «Don't Stop», «She Looks So Perfect» y «Amnesia», repitiendo cada palabra a voz en cuello, no hay en este gentío nadie que tenga dudas sobre quiénes pretenden ser los legítimos herederos del trono de One Direction.

Las recompensas económicas ligadas a la venta de millones de discos y a las actuaciones en estadios abarrotados durante giras internacionales están también tentadoramente próximas —se prevé que, en 2014, cada miembro de One Direction habrá ganado aproximadamente unos 23 millones de dólares—, y si a esto añadimos el hecho de que los chicos de 5 Seconds of Summer componen prácticamente todos sus temas, da la impresión de que pasará mucho tiempo antes de que Luke, Michael, Calum y Ashton deban preocuparse del dinero. Michael admitía que la banda aún no ha tocado gran parte de los ingresos obtenidos de las ventas de discos, de modo que, aunque en declaraciones al *Daily Telegraph* decía que el saldo de sus cuentas corrientes «no ha cambiado realmente», su seguridad económica a largo plazo ya no es un problema.

Estando ya comprometida buena parte de 2015, cuesta imaginar cuándo tendrán los chicos tiempo para componer y grabar su ya anunciado segundo álbum. Todos los afortunados que tienen entradas para los próximos conciertos de 5 Seconds sin duda habrán cruzado ya los dedos para disfrutar de un avance furtivo de una o dos canciones nuevas. Parece improbable que sigan el patrón de edición de 1D de cuatro álbumes en cuatro años, programa difícil de mantener cuando los miembros de la banda están componiendo y tocando sus propias canciones. Lo tranquilizador es que, al parecer, el jefe del sello en el Reino Unido, Nick Raphael, está dispuesto a conceder a los chicos el tiempo necesario para hacerlo bien, tal como declaró a *Music Week*: «Hemos de asegurarnos de que el próximo álbum esté lleno de buenas canciones.» Hablando de la eventual salida al mercado del segundo álbum, reveló que tenía grandes esperanzas para el inmediato futuro de la banda: «Quiero que [5SOS] sean verdaderos artistas, que, cuando se sepa la fecha de salida a la venta, todos quieran hacerse a un lado porque un gran disco está en camino... Esta es la ambición, y espero que estemos al comienzo de una carrera. La banda es buena, el equipo directivo es experimentado... mejor imposible.»

Solo podemos hacer conjeturas sobre adónde los llevará el próximo álbum mientras ellos ahondan aún más en sus influencias musicales, maduran como compositores y son cada vez más competentes como músicos. ¿Es probable que veamos a los chicos colaborar finalmente con sus compañeros de gira de One Direction, o de los chicos «de allá abajo» cabe esperar algo bastante menos pop? Ya han explicado que su ambición es ser considerados auténticos roqueros, aceptados del todo por sus colegas de la comunidad del rock en su sentido más amplio, de modo que ¿está fuera de lugar un álbum lleno de rock? Quizá lograrán sesiones de composición con algunos más de sus ídolos musicales. ¿Quién no querría oír las canciones resultantes de sesiones en que los chicos se sentaron a componer con Billie Joe Armstrong, de Green Day, Pete Wetnz, de Fall Out Boy, o Dave Grohol, líder de Foo Fighters?

También está la cuestión de lo que piensan hacer con su propia marca, Hi or Hey Records. Partiendo de la idea de que los chicos querrían encontrar nuevos cantantes o bandas jóvenes que, por lo demás, tuvieran dificultades para afirmar el pie en el primer peldaño de la escalera de la industria musical, el descubrimiento del siguiente Blink-182, All Time Low o Paramore quizá sea solo cuestión de tiempo. En agosto de 2914, Luke llegó a decir esto a *Billboard*: «Una versión femenina de nosotros sería guay.»

La historia de 5 Seconds of Summer quizá solo acaba de empezar, y aunque acaso estemos lejos de conocer el impacto futuro de la banda en la escena musical, mediante sus propios discos y las bandas que puedan fichar en el futuro, cabe afirmar con seguridad que han causado una impresión perdurable. En el espacio de apenas tres años, han acumulado millones de fans en todo el mundo, y aunque entre sus críticos más duros todavía se delibera sobre su sitio en el paisaje musical, una cosa sí es segura: en lo concerniente a la misión de los chicos de llevar el pop-punk a las masas, han alcanzado un rotundo éxito. «Ya está bien el mero hecho de tener guitarras en la radio», confesaba el portavoz Ashton. De todos modos, esperaba que el verdadero legado de la banda tuviera un efecto de mayor alcance: «Si un chaval coge los palillos gracias a nuestra banda, objetivo cumplido.» Michael se mostraba aún más categórico, y así tuiteaba a sus seguidores: «Quiero que la gente siga llevando nuestras camisetas dentro de treinta años.»

La única certeza es que, al margen de qué creen, y al margen de cuándo decidan dar a conocer al resto del mundo el resultado de su esfuerzo, habrá millones de fans esperando impacientes para hacer suyas las nuevas canciones, cantar a coro en los conciertos y ayudarles a proseguir su viaje triunfal, a conquistar el mundo.

FUENTES

PERIÓDICOS Y REVISTAS

Alternative Press
Billboard
Classic Pop
Daily Mail
Daily Star
Guardian
Girlfriend
Hollywood Reporter
Kerrang!
Music Week
Rock Sound
Rolling Stone
Rouse Hill Times
Sydney Morning Herald
Teen Vogue
(Sydney) Daily Telegraph
Sun
Sun-Herald
Top Of The Pops

LIBROS

She Looks So Perfect, Mary Boone
The Guinnes Book of British Hit Singles and Albums

TELEVISIÓN Y RADIO

2day FM 104.1 Sydney
60 Minutes
9.65 TIC FM
AwesomenessTV
Capital FM
Extra
KIIS 1065 Radio
MTV
Nova FM
Singapore Radio
Sunday Brunch
The Late Late Show
Today Show
WPLW North Carolina

PÁGINAS WEB

5SOS.com
Annandalehotel.com
ARIAcharts.com

Ask.fm
Alterthepress.com
Billboard.com
Capitalfm.com
Thechabotspectator.com
Coupdemainmagazine.com
Facebook.com
Fuseonline.org.uk
Gibson.com
Guardianlv.com
HMV.com
Hollywoodlife.com
Instagram.com
Modestmanagement.com
Musicnetwork.ie
Musicfeeds.com
Musictakeabow.com
News.com.au
Norwest.nsw.edu.au
Officialcharts.com
Popcrush.com
Punktastic.com
Seventeen.com
Sonyatv.com
Startupsmart.au
Sugarscape.com
Tellymix.co.uk
Theaustralian.com.au
Thehillsarealive.com.au
Thehothits.com

USAtoday.com
Vevo.com
Wondermgmt.com
YouTube.com

CRÉDITOS DE LAS FOTOGRAFÍAS

Página 1: Astrid Stawiarz/Getty Images (arriba a la izquierda); Don Arnold/Getty Images (arriba a la derecha); John Lamparski/Getty Images (abajo a la izquierda); Mark Robert Milan/FilmMagic/Getty Images (abajo a la derecha).

Página 2: REX/AGF s.r.l. (ambos).

Página 3: Turgeon-Steffman/Splash News (arriba); Splash News (abajo).

Página 4: REX/David Fisher (arriba); REX/Broadimage (abajo).

Página 5: Redferns mediante Getty Images (arriba); Cindy Ord/Getty Images para SiriusXM (abajo).

Página 6: Mark Metcalfe/Getty Images (arriba a la izquierda y abajo a la derecha); REX/Broadimage (arriba a la derecha); Kevin Mazur/WireImage/Getty Images (abajo a la izquierda).

Página 7: Suzan/EMPICS/PA Images (todos).

Página 8: REX/AGF s.r.l. (arriba); Michael Tran/FilmMagic/Getty Images (abajo).

ÍNDICE